中国领导力
提升系列

主编 胡月星

领导人才

李　军◎著

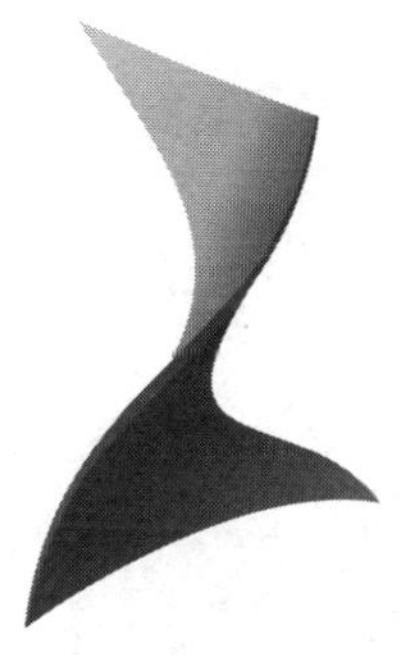

中国出版集团　研究出版社

图书在版编目（CIP）数据

领导人才 / 李军 著 . — 北京 : 研究出版社，
2017.5

ISBN 978-7-5199-0017-5

Ⅰ. ①领… Ⅱ. ①李… Ⅲ. ①领导学 Ⅳ. ① C933

中国版本图书馆 CIP 数据核字（2017）第 031471 号

领导人才

作　　者　李 军 著
责任编辑　陈侠仁
出版发行　研究出版社
地　　址　北京市东城区沙滩北街 2 号中研楼
邮政编码　100009
电　　话　010-63292534　63057714（发行中心）
　　　　　　63055259（总编室）
网　　址　www.yanjiuchubanshe.com
电子信箱　yjcbsfxb@126.com
印　　刷　三河市金泰源印务有限公司
开　　本　710 毫米 ×1000 毫米　1/16
印　　张　15.5
版　　次　2017 年 5 月第 1 版　2017 年 5 月第 1 次印刷
书　　号　ISBN 978-7-5199-0017-5
定　　价　39.80 元

《中国领导力提升系列丛书》编委会

参与研究单位

国家行政学院

中国浦东干部学院

中国人事科学研究院

国家税务总局党校

北京行政学院

上海行政学院

黑龙江省行政学院

吉林省行政学院

广西行政学院

辽宁师范大学

宁夏行政学院

协助支持单位

国家行政学院中国领导科学研究中心

国家行政学院公务员培训研究中心

中国人才研究会领导人才专业委员会

西安思源学院新发展理念与领导力研究中心

提升领导力是聚焦点（代总序）

胡月星

领导科学研究告诉我们，组织发展与领导力提升并不是同步的。组织规模增大，并不意味着领导力随之提升。组织规模小，并不代表没有强大领导力。有的组织诞生时规模很小，但能够逐渐壮大，关键就在于其具有强大领导力。中国共产党诞生之初人数寥寥，但犹如喷薄而出的朝阳，光照四方。成功的秘诀在哪里？就在于党拥有强大的领导力，正是这一核心力量使党焕发出旺盛的生命力。今天，中国共产党是拥有436万多个基层党组织、8779万多名党员的大党，但规模越大并不意味着领导力就越强。加强和改善党的领导，必须把提升领导力作为聚焦点。

那么，领导力究竟是什么？以往人们通常把领导力等同于权力，认为有权力就有领导力。这种观点至今还停留在一些人的头脑中，限制了人们探索提升领导力的视野。领导力与权力确实有密切关系，但绝不是对等关系，有权力未必就有领导力，否则就难以解释个别领导“有权无威”甚至“众叛亲离”的现象。权力仅仅是领导力的一种重要资源，而不是领导力的全部。在领导科学研究中，领导力存在于精神信仰、思想观念、规章制度等方方面面，既包括组织领导力，也包括个体领导力。组织领导力是由个体领导力积极作用而成的合力，这就像百川终归大海一样。组织领导力与个体领导力相辅相成、高度融合，共同提升政党的领导力。我们讨论加强和改善党的领导，当然需要从组织领导力角度去分析，但领导科学研究表明，重视个体领导力对于加强和改善党的领导同样至关重要。因为组织领导力最终要具体落实到领导干部行为中，如果各级领导干部缺乏领导力所必需的知识、能力、品质以及积极行为表现等，组织领导力就会失去来源，组织就会变得软弱无力。可以说，领导干部的领导力直接决定着党的领导力。一个政党领导力的缺失，很大程度上是因为领导干部领导力的缺失。当前，从提升领导力入手加强和改善党的领导，需要把组织领导力与个体领导力紧密结合起来，从“领”入手，由“导”贯通，实现“心”与“力”的积极融合。

用信仰目标实现“领”。信仰就是希望，目标就是方向。没有信仰目标的政党是没有希望的，没有信仰目标的领导干部是难堪大任的。成立 90 多年来，我们党的领导之所以坚强有力，就是因为我们党有信仰、有目标，让广大党员有使命感，让人民群众有方向感。一个政党如果不能让自己的党员有使命感就无异于乌合之众，如果无法让群众有方向感就会失去号召力和凝聚力。新形势下，加强和改善党的领导，尤其需要把党的领导与党所坚守的崇高信仰、党所追求的远大目标紧密结合起来。要让广大党员和人民群众明白我们党究竟从哪里来、往哪里去，信仰什么、追求什么，党对人民群众来说有着什么样的功能和价值。把这些问题讲清楚，人民群众就会拥护党、追随党。

用科学理念实现“导”。信仰的追求、目标的实现都要有科学的理念。一个政党所坚持的科学理念凝聚着政党的智慧，能够引领人民群众的行动。从这个意义上说，理念科学，领导力就强。我们党一直强调用科学理念实现党的领导。习近平总书记在党的十八届五中全会上提出的创新、协调、绿色、开放、共享新发展理念，凝聚着全党的智慧，是统一全党思想和行动的指挥棒。领导干部能不能深入贯彻新发展理念，坚决纠正那些与新发展理念不相适应甚至背道而驰的错误观念与行为，直接关系我们党的领导力。领导干部要把学习贯彻新发展理念与提升领导力、加强和改善党的领导紧密结合起来。

用“心”与“力”的融合提升领导力。心为万力之本。提升领导力，从领导干部个体角度而言尤其要注重“心”与“力”的融合，具体而言主要包括以下几个方面：一是强调忠诚。忠诚是对“心”最重要的要求，是“力”的源泉。领导干部要对党忠诚，不论身在何方，不论处于何种境地，都要把对党忠诚作为自己的道德操守和行为准则，这样才能担负起组织重托。二是强调提升能力。有“心”无“力”，最终只能流于平庸。提升领导力，既要有“心”，也要有“力”。这就要求领导干部必须高度重视提升自己的能力。三是强调责任担当。责任是“心”，担当是“力”。当前，加强和改善党的领导特别需要领导干部有责任担当。有了责任担当，就能把“心”与“力”融合后的力量充分发挥出来，不断提升我们党的领导力。

原载《人民日报》（2016 年 04 月 15 日 07 版）

前言

领导人才决定着人类的今天，也决定着人类的未来。

面对大变革、大跨越、互联互通、融会贯通的时代，人类社会发展行进到了一个新的历史拐点，随时准备迎接各种艰难险阻和巨大挑战。而有效应对来自不同维度的艰难险阻和巨大挑战，领导人才是关键。

领导人才之所以对组织的发展、社会的进步乃至国家的繁荣、民族的昌盛极为重要，就在于其能给人以愿景、信心、勇气和力量，能够凝聚众人之心、明确前进方向并引领组织向着既定目标奋力迈进。

领导人才在众人眼里是有意志力、有感召力、有号召力、有影响力的人，他们是灯塔、是榜样、是主心骨。领导人才不是通常所讲的领导者，而是那些在领导活动实践中成长起来的优秀领导人物。这就如同人与人才不是一回事一样。领导人才的最大贡献在于能使这个群体组织中的芸芸众生上进有目标、前进有方向、奋进有动力，知晓跟谁走、往哪走、怎么走。

特别是对于一个政党、一个国家来说，能否培养出优秀的领导人才，在很大程度上决定着这个政党、这个国家的兴衰存亡。就我国而言，领导人才是人才队伍的重要构成，是推动党和国家事业发展、实现中华民族伟大复兴中国梦的中坚力量。因而，在当下国际竞争十分激烈的环境中，要使中国特色社会主义事业得到不断巩固和发展，并持续走向繁荣昌盛，党和国家就必须拥有一大批高素质的领导人才。

然而，谁能成为各领域、各层级乃至党和国家的高级领导人才，并不是天生注定的，领导人才的素质和能力也不是与生俱来的。就中国共产党来说，从这支浩浩荡荡的队伍中涌现出来的千百万领导人才，是在生动的中国革命、建设和改革开放的伟大实践中成长成熟起来的。时势造英雄。时代需要什么样的领导人才，就必然会造就出什么样的领导人才。领导人才必须积极引领历史发展进步潮流且勇于开拓创新，消极适应、不思进取之人，是绝对不能成为领导人才的。也就是说，成为领导人才既不是少数人与生俱来的专利，也不是无需任何付出人人都可以坐享其成的。但无论如何，成为领导人才绝不是可望而不可即的幻想，只要用心去做，善于挖掘潜能、激活动能、发挥势能，注重加强自我塑造，主动接受组织培养，人人皆有机会、人人皆有可能成为领导人才，只是所处的领导人才的层级、领域不同而已。而且只要遵循领导人才的成长规律并坚持不断努力，是完全可以上层次、上境界的。这一理念是贯穿本书的鲜明主线和思想灵魂。

基于上述洞察与认知，全书布局分为八章，从宏观与微观两大维度对领导人才相关问题展开论述，注重突出指导性与应用性的整合、理论性与实践性的统一。就宏观维度而言，包括领导人才群体论、领导人才功能论、领导人才素养论、领导人才能力论四章，重点论述了领导人才是一个什么样的群体，与其他人才的区别何在；领导人才是干什么的，肩负着什么样的历史使命；领导人才需要什么样的素养，如何修炼；领导人才要具备哪些能力，体现在何处。目的在于让读者从总体上全面把握领导人才、充分认识领导人才。就微观维度而言，包括领导人才思维论、领导人才心理论、领导人才成长论、领导人才识别论四章，着重阐述了领导人才应掌握的思维方法、应有的正确心理、注重实践中成长、领会领导人才发现和使用的规律。目的在于说明领导人才是培养塑造出来的，而且这种培养塑造既可以是自我培养塑造，也可以是组织、他人助力塑造，从而增强有志于成为领导人才之人的坚定自信心和高度自觉性，尤其对青年人而言具有重要意义。愿此书能为党和国家培养出更多更好的人民和时代所需要的各级各类领导人才提供有价值的智力支持。

目录

CHAPTER 01

第一章

领导人才群体论

无论是研究领导人才，还是努力想成为领导人才，其行为主体的一个首要任务就是要对领导人才这个群体有深入明晰的了解和整体全面的把握，尤其是要对领导人才群体的基本特性有明确深刻的认识，重点把握好领导人才的重要性、特殊性、层次性及全面性的特点。

一、领导人才的重要性

拿破仑被称为欧洲的战神，指挥了大大小小 50 多场战役，除了著名的“滑铁卢之战”，无一败绩。毛泽东对拿破仑也是相当推崇。“拿破仑的多数战役……都是以少击众，以劣势对优势而获胜。”[①] 由此可以看出，对于一支队伍的战斗力而言，士兵的能力固然重要，但是如果缺乏拥有良好领导素质与能力的领导人才的率领，也只能是一盘散沙，没有任何士气和战斗力可言。可见，领导人才的作用对于一个组织或团队而言十分重要。尤其是在当今经济社会发展日新月异、形势任务瞬息万变、机遇与挑战并存的大变革时代，领导人才显得尤为重要。一个推动事业发展的团队，需要领导人才引领进而充分发挥团队的整体效能，推动组织的维系与变革。

① 毛泽东选集：第 2 卷［M］. 北京：人民出版社，1991.

一个国家、一个民族、一个政党更是离不开领导人才的引领与支撑。江泽民曾指出："历史和现实都表明，一个政党，一个国家，能不能不断培养出优秀的领导人才，在很大程度上决定着这个政党、这个国家的兴衰存亡。中国的社会主义事业能不能巩固和发展下去，中国能不能在未来激烈的国际竞争中始终强盛不衰，关键就要看我们党能不能不断培养造就一大批高素质领导人才。"①

（一）领导人才是人才问题的中心

当今世界，由于看问题的视角与维度不同，人才的内涵显得十分丰富，其外延也极为广阔，种类更是千差万别。从人才的职业特点看，可分为专业技术人才、管理人才和领导人才；从专业角度看，又可分为经济人才、政治人才、文化人才，等等。应该说，在众多种类的人才当中，领导人才是核心。这是由领导人才固有职能所决定的。

领导人才通常是指拥有良好的领导素质与才能，能够居于领导地位，正确规定组织前进的方向，并能凝聚众人为实现组织的奋斗目标而创造性劳动的人。在实践中，领导人才既包括处于法定领导岗位的领导者，也包括那些不具有法定领导岗位却有实际领导才能的人。任何类型的人才，对于一个政党、一个国家、一个民族、一个社会、一个组织来说都是十分重要的，都是不可或缺的，但就组织、群体、团队发展而言，在众多种类的人才当中，领导人才显得尤为重要，因为领导人才善于应对重大变化、确定组织发展目标、凝聚众多人心。可以说，组织当中没有领导人才，组织的发展就会迷失方向；没有领导人才，组织就会出现人心涣散的问题。其他各类人才即使学富五车、才华横溢也难以发挥应有作用。

---

① 江泽民文选：第 3 卷［M］. 北京：人民出版社，2006.

对于人才的重要性，无论是在我国还是在世界其他各国，有许多共同性认识：人才是重要的战略资源，是促进科技进步、推进生产力发展的核心要素，是一个国家核心竞争力的重要组成部分。之所以说领导人才是人才问题的中心，最重要的原因在于领导人才凭借其特殊的定位，对其他人才发挥着统帅的作用，居于统领的地位。

领导人才的统帅地位主要体现在领导工作上，体现在实际的操作过程之中。对于领导人才而言，其特点与独特性在很大程度上受到工作的影响，与此同时领导工作也是连接领导人才与其他各种人才的重要桥梁。领导工作是复杂、烦琐的，是各种常态化与非常态化任务交织在一起的，难以定量说明，但从实践操作与感知中，可以抽象概括出领导工作中领导人才统帅其他人才的结合点：用人、决策与人才环境的优化。

我们经常会听到“犯难之际最需领导”，这是因为在进退两难、踌躇不定时，最需要领导作出正确决策。决策从字面来讲就是拿主意、定事情，就是战略与策略方案的选择，这就意味着领导人才通过决策，既能够在一定程度上指出行进路径、指出某些可行的方法与措施，更重要的是他能告知他人工作与努力的方向，这是领导人才统领职能的最基本体现。通过既定决策的实施，整个人才系统能够拥有共同的方向，在这种情况下，如果能够拥有共同的价值追求，这种统帅作用就更加具有自主性与效率性。

在管理学上有一个非常著名的“木桶原理”，是指木桶的容量不是由长板决定而是由短板决定的，从领导学的角度分析，领导用人切切实实地关系到能否修复短板、能否提升长板、能否最终提高“木桶”的容量。用人是一系列复杂过程与环节的综合体，这是领导者所拥有的非常重要的职能，甚至很多人将它看成领导的专利。在实际领导活动中，领导用人在方方面面都体现了领导人才的统帅作用，也是最具有现实直接性的统帅作用。因此不管怎样来看，用人绝对是领导工作的重中之重。领导者通过人才的培养、开发与使用，对其他人才的统领作用十分明显。通过用人，可以构建出结构完整、素质优良的人才队伍，而且这支队伍需要接受领导、接受领导组织的绩效考核和监督。

人才环境的优化是非常重要的问题，对包括领导人才在内的各种人才的发展与创造都具有重大影响。良好的人才环境，是发挥人才聪明才智的土壤，是尊重人才、尊重知识，充分发挥创造性的重要条件。在实际过程中，这项工作同样要由领导人才来完成。因此，领导人才应“树立正确人才观，培育和践行社会主义核心价值观，着力提高人才培养质量，弘扬劳动光荣、技能宝贵、创造伟大的时代风尚，营造人人皆可成才、人人尽展其才的良好环境，努力培养数以亿计的高素质劳动者和技术技能人才”。[①]通过构建保障与支持体系、良好的交流分享平台以及合理有效的绩效考核体系，让各种人才无后顾之忧，专心工作；充满活力，快乐工作；价值与贡献得到充分肯定，幸福工作。实现上述目标，很大程度上依赖于领导者所进行的环境优化工作。

（二）领导人才是组织变革的核心力量

对于一个组织而言，需要进行维系，通过各种途径来实现人员的有效管理，保证架构的基本稳定和正常运行。尤其从当下来看，整个世界呈现出指数型变化的趋势，在这种环境下组织的发展，不仅犹如逆水行舟不进则退，而且不进步就意味着逐渐被淘汰、不变革就意味着消亡。三星集团

---

① 谭本基. 从“十二五”国家战略着眼党政人才队伍建设［J］. 中共南宁市委党校学报，2010（6）.

是韩国第一大企业，也是一家世界500强企业，拥有以电子为核心的多种产业，实力非常雄厚，它在短暂的守旧中觉醒，进行了一系列变革。三星集团前会长李健熙讲的“除了妻儿，一切都要变”，成为关于变革的世界性名言。但变革并非易事，艰难险阻层出不穷，头破血流可能算小事，甚至以抛头颅洒热血来形容也一点不为过。因为变革既需要对组织拥有充分的把握与掌控，又需要过硬的素质与能力，更重要的是，战略性与方向性一定不能错。在这种情况下，一般的专长型人才往往承担组织变革中“船员”的职责，而领导人才往往成为组织变革的“设计师”，是组织变革的关键力量。

领导人才掌握组织的各种资源，包括权利、资金以及其他人才资源。这些资源基本上可以是组织的全部资源，最起码也是核心资源。这些资源可以说是变革客观条件中非常重要的组成部分。变革很大程度上意味着扬弃，对现有资源条件进行良好的掌控和利用，是推进组织变革的基石、是组织变革的土壤。在整个组织中，或许只有领导人才才具备这种资源控制能力，对现有资源的优化配置，才能获取组织变革的基本后盾与力量。

领导人才的素质特性对组织变革有巨大的适应性。以中国古代商鞅变法为例。商鞅是战国时期著名的政治家，是法家的代表人物，后人更愿意把他看作一位改革家，他的事迹至今被人广为传颂。他在秦国进行了一系列励精图治的变法，使秦国走向富强，一定程度上奠定了秦统一六国的基础。或许这是一个成功的变革案例，但其实际过程却远没有那么简单，整个过程都充满着残酷的斗争。商鞅本是卫国人，在秦国本来就不受重视，推行自己的思想非常困难。更重要的是，他强调奖励战功，通过战功可以获得等级地位，这在很大程度上触动了原有贵族的利益，即既得利益者，这无疑是以卵击石。在这种情况下，要想承担持续变革的使命，一般人难堪重任，因为变革需要各个方面的优良素质。商鞅在国君的支持下，坚定不屈，勇于牺牲，以一种不畏天、不畏祖宗、不畏死亡的大无畏精神，使变法逐步推行并取得成功。整个过程，总有人不断讥讽、打击商鞅，并且商鞅的结局也是以车裂而告终。可见，变革是一件多么痛苦的事情！变革是一件多么艰难的事情！各种主观的、客观的障碍交织在一起，它既需要客观条件的支撑，又需要变革者非凡的素质与能力。可见，领导人才的素质优势对组织变革的适应性显得极为重要。

领导人才往往具有坚定的信念和矢志不渝的魄力。心理学上有一个大家所熟知的“皮格马利翁效应”，它指出了心理暗示所具有的影响与力量。实际上在整个变革过程中，领导人才的信念与魄力会给被领导者带来巨大的心理暗示作用。领导人才往往是变革的旗帜与精神领袖，以自己独特的魅力凝聚力量、鼓舞士气，甚至在某些情况下，让人感到看到他就能看到希望、看到他就有了干劲。其无形的影响力使人愿意主动追随，并且这种力量是持续而强劲的。

领导人才能够执中有权、通权达变，拥有权变思维与素质。变革本身就充满变数，往往是计划不如变化快，要求领导人才应具备非常灵活的应变能力，能够审时度势。这不仅是变革成功的基本要求，也是领导活动的制胜之道。

领导人才拥有整体性的战略思维，目光深远、方向准确。自古不谋万世者，不足谋一时；不谋全局者，不足谋一域。领导组织变革不仅需要勇气、魄力与胆量，还应有理性的思考与判断。变革的方向正确与否，可以说决定变革的成败。对于未来发展状况的预测把握及其战略的实施、调整，需要领导人才充分发挥自身的聪明才智，善于辨方向、明道路，能够及时调整震荡，使整个变革过程在正确的轨道上运行。

（三）领导人才是事业兴盛的关键力量

唯物辩证法指出，联系具有普遍性也具有多样性，我们要坚持用联系的观点看问题，在实际应用中特别要注意看到不同事物之间的联系、看到同一事物内部各要素之间的联系。

首先，应该看到人才与综合国力等事物之间的联系。致天下之治者在人才，改革开放以来，我国社会主义事业取得了巨大成就，综合国力不断提升、生产力水平不断提高、人民生活水平也获得日益良好的改善，这是在几代中共中央领导集体的领导下，人民群众共同奋斗的结果。但同时也应看到，其发展过程并不是完美无瑕的，也存在诸多问题：国民经济持续健康发展的动力问题、生态环境保护与治理问题、社会公平正义与民生改善问题，等等。从整体来看，我们现在所面对的国际环境既有机遇，也充满挑战，威胁与冲击时刻存在。全面深化改革已经进入深水区，每前进一步都非常困难。

其次，应该看到领导人才这个要素与整个人才系统的联系。从现实来看，领导人才已经成为人才系统的关键性构成要素，在一定意义上已经成为人才系统的决定性要素。在社会主义现代化建设事业继续推进的关键时期，领导人才是推进社会主义事业的关键力量。没有一支宏大的高素质领导人才队伍，我国社会主义现代化建设的任务、全面建成小康社会的奋斗目标和中华民族伟大复兴的“中国梦”就难以顺利实现。

领导人才关键性力量的发挥，需要大批领导人才发挥积极的正能量。要想真正做到这一点，领导人才还应加强修炼，努力提高自身素质，不断深化对现阶段基本国情与具体情况的认识，把握基本任务与重点，加强理论知识学习，获取解决实际问题的能力。在这个自我修炼的过程中，应注重反思，有强烈的危机忧患意识。切不可安于现状、故步自封，明哲保身、

“为官不为”。应有先天下之忧而忧，后天下之乐而乐的情怀，努力为我国的改革发展稳定贡献自己的领导才智。

二、领导人才的特殊性

马克思主义唯物辩证法认为，矛盾具有特殊性。要准确把握一个事物的独特本质，厘清其特殊性是非常重要的一个方面。通过具体分析来把握领导人才的个性特征是研究领导人才的一个重要方法。领导人才在人才群体当中有其明显的特殊性，也可以说是较为特殊的一种人才，也是整个人才体系当中最为重要的一种人才。这是由领导工作的特殊性和领导人才成长规律的特殊性决定的，是二者综合作用的结果。

（一）领导工作具有特殊性

领导人才所从事的工作是领导工作。领导工作是多种不同类型工作综合体的一个组成部分。一个组织的运行与进步，需要其内部各要素之间相互协调并朝着一个共同的目标前进，这其中离不开领导人才的引领作用。从这个意义上讲，领导工作作为一个独立的工作类型具有自身的特殊性，并在实践中体现于领导人才身上，使其具有人才的独特性。

首先，领导工作具有高层次性的特点。这是一个相对概念，它是相对于具体范围内的各种工作而言的。一个组织无论是规模大还是小，无论层级多还是少，领导工作都居于核心地位，是组织发展的关键。海尔集团是享誉世界的电器厂商，每年生产数量庞大、种类繁多的电器，它拥有诸多子公司，拥有数量巨大的工作人员，在它运作的过程中，需要进行最基本的生产工作来将产品变为现实。但海尔集团的 CEO 张瑞敏却认为，在海尔的所有工作中，最重要同时也是最麻烦的事情就是错综复杂的各项领导工作，它居于问题金字塔体系的顶尖。从中可以看出领导工作的高层次性特征。

其次，领导工作具有间接性的特点。这主要体现在领导过程中。做好领导工作需要信息的收集、问题的汇总，总体来讲这是一个自下而上的过程，大部分情况是下属工作人员一级一级的收集汇总，最终以此为基本依据开展领导工作。与此同时，领导工作的执行也具有间接性的特点。领导者制定的决策、发布的指示需要下属去执行，而不是亲力亲为，这是一个自上而下的过程，领导工作是通过一级一级的执行实现的。

最后，领导工作具有战略性的特点。领导工作不同于具体的劳动生产过程的工作，它需要对大局进行整体把握，有非常明显的全局性、超前性和超脱性的特征。领导工作的最大意义在于对前景的科学研判与方向的准确把握。确定目标、明晰愿景、恰当激励是领导工作的重要内容，并通过对成员的有效协调实现组织愿景。

（二）领导人才成长具有特殊性

领导人才的特殊性受领导工作的影响，但这并不是唯一的，更不是决定性因素。领导人才作为一个独立个体存在，影响其特殊性的根本因素主要是：

第一，三个规律的决定作用。规律具有客观性，发挥主观能动性要以事物的内在规律为前提，把握规律是我们能否正确发挥能动性的基础。把握领导人才的规律性是我们探索领导人才特殊性这一能动性活动的必然要求。一是领导人才成长发展规律。在多数情况下，领导人才是在领导素质的矛盾运动和自身能动性的影响下出现的。领导人才的成长，主要是领导素质在一定的外因影响下，在一定的领导环境中，不断运动变化的现实过程和现实结果，是一个客观实践与主观修炼所决定的运动变化过程。在领导人才的成长过程中，实践起决定性作用。实践是认识的基础，领导人才的最关键、最实用的领导素质往往是从实践中获得的，并且是在面对错综复杂的形势变化以及新的矛盾和问题的过程中不断成长。二是领导人才的效能效用规律。就领导人才发挥其效能效用而言，并不是 1+1=2 简单加和，而是要争取达到 1+1>2 的理想状态。而且这些效能和能量具有能动性和创造性特点，有时会自发地、盲目地无序释放。若对此不加以控制和引导，就会出现资源浪费、混乱无序等不良后果。只有科学引导、合理利用才能充分发挥其巨大能量。充分发挥领导人才的效用效能，需有两个条件：一方面是领导人才自身的道德素质和思想素质要发挥特别的作用；另一方面是领导体制和法律制度要提供科学、有效的保证。二者紧密结合，才能保证领导人才作用适时、正位，不致出现错时、错位的问题，充分发挥其效能，确保领导人才拥有领导力，成为完备的显领导人才。三是领导人才的价值规律。领导人才的价值由领导素质的能量和品味决定，呈正相关。由此形成以能量和品味为主轴的价值轨迹。其不受外在条件制约或者限制，这就是基本的领导人才价值规律。在现实领导活动中，领导人才的价值规律存在两种情况：一方面是领导人才的价值要得到社会认可，即社会实现。虽然社会认同不能完全客观地衡量人才价值，但一般说来，社会标准是能够从根本上作出正确反映与评价。另一方面是领导人才的价值依赖于其素质释放能量和效能的多少。领导人才价值规律决定领导人才应不断提高自身的素质，释放更多的能量，作出更有意义的绩效，实现人才价值的增值。领导人才的特殊性，从其成长角度看，上述三个规律起到了规约作用。

第二，实践基础上的素质规定。对于领导人才的特殊性而言，还体现在实践基础上的素质决定论。领导人才的领导活动是一种实践活动，实践应该是领导活动的基础，无论是领导人才自身的成长，还是效能的发挥、价值的高低，都需要实践这个土壤。首先，领导活动的起点和落脚点是实践。领导活动要遵循实事求是的原则，从实际出发，从实践过程中获取信息，发现问题，采取恰当的领导方法，实现领导艺术的灵活有效。与此同时，领导本身并不是目的，目的是推动实践的发展，能够促使现实问题的有效解决，推动事物向好的方向发展。其次，实践是领导活动发展的动力。在领导实践过程中，由于事物的复杂性与强烈的变化性，总会有各种情况、各种难题不断出现，这就要求领导人才不能懈怠、故步自封，而是要不断地总结成功的经验或失败的教训，不断改进领导方法，提高领导艺术，推动领导活动的发展。最后，实践是检验领导活动有效性的重要标准。一个有效的领导人才，有多重监测维度，其中任务目标的实现程度与下属的追随程度是两个最重要的指标。这两个维度均需要在实践中进行考察。建立在领导实践基础上的领导素质，是一个人成为领导人才的基本。对于领导人才而言，领导素质之于领导人才特殊性的意义更加突出，起着决定性作用。对于一个焊接技术人才而言，对他起决定性作用的是焊接技术，他的工作需要以其焊接技术为后盾和基础，他只有运用良好的焊接技术才能很好地完成工作。但对于领导人才则不同，他对于具体工作技术与手段并没有多大的需求，他的工作很大程度上也不需要这些具体技术，他需要的是各种良好领导素质综合作用的发挥，来实现领导效能和领导价值。从这个意义上讲，领导人才只有与素质这一要素紧密结合，并且在政治、文化、道德、学识等各方面拥有较高的水平，才能在面对领导工作时游刃有余，才能在实现自我发展时信心十足，强健有力，作出更大贡献。

第三，社会认同的影响作用。心理学理论认为，角色包括角色期待、角色知觉、角色扮演等维度。关于领导人才的角色，事实上也存在不同的认知维度，其中既有其自身应该有的“一张脸”，也有领导人才自己想看到的“一张脸”，还有社会期待的那“一张脸”。因此，作为为他人、为组织、为社会服务的领导人才，其领导活动必须要以社会期望和认同为准绳，因此，领导人才的成长进步受社会期望与认同的影响是非常大的，而且由于在实践中，社会期望具有多样性、复杂性、层次性的特点，领导人才所进行的领导活动及其扮演的实际角色也多具个性化的特点。

在组织中，有的人期望领导能够改善自己的工作环境，有的人期望领导能够多激励、多采用正强化的措施，而不会期望领导能够手把手地帮助自己完成任务。从社会层面看，期望国家领导工作能够改善民生，能够解决住房、教育、就业等方面的问题，更具有宏观性，自然而然的认同也具有高层次性。如果一个焊接技术人才，能够做到无缝焊接，很容易得到工友、企业的认同，能够升职加薪。但对于领导人才的认同却不是这样的，领导人才的认同是更高层次的，要看领导人才在组织中是否能够有效决策、有效用人，是否能够通过有效的领导为组织、为社会提供优质的产品与服务。

三、领导人才的层次性

领导人才是一个整体概念，它是一个由各部分组成而又相互影响、相互作用的综合体，具有自身独特的架构，呈现出明显的层次性特点。充分认识领导人才的层次性，既是对其概念认识的深化，也是进行结构调整，实现领导人才系统优化，充分发挥整体效果的必然要求。领导人才层次性主要从以下两个角度加以分析。

（一）领导人才有层级之分

从领导实践看，领导人才可分为高级、中级、初级三个层次。对于这种划分，主要有两个基本维度：第一，是在组织中所处位置的高低，高级领导人才居于组织较高层级，是拥有全面的领导素质与能力的那部分人才。中级与初级领导人才是指居于组织中下层，拥有与其层次相适应的具体素质与能力的那部分人才。第二，是领导人才具备的素质与能力高低的层次性，主要体现在以下五个方面：一是洞察力的高低。可以说能否对环境把握与适应对于领导成败起着决定性作用。情景对于组织以及领导者提供机遇与挑战，影响决策以及战略的制定，影响组织形态及其变革。苟日新，日日新，又日新，环境变换相当迅速，具有非常大的复杂性和不确定。尤其在网络社会，整个社会环境更是呈现出指数型变化趋势。因此把握环境、利用环境并非易事，拥有高素质与能力的领导人才注定要拥有高洞察力。二是创新能力的高低。创新是中国传统文化中的重要基因，也是植根于中华民族的精神血脉。商鞅坚持“治世不一道，便国不必法古”使秦国走向富强，奠定统一六国的基础；中国共产党无论是在革命时期还是在建设、改革时期，都坚持与时俱进的思想品格，取得了举世瞩目的辉煌成就。在今天，可以说创新已经成为生存、发展的必然要求。优秀的领导人才要有充分的创新理论准备，要有强烈的自觉创新意识，更要有渴望成功、不怕失败、百折不挠的坚定意志品质。三是感染力和凝聚力的高低。领导可以从多个角度进行解析，现在人们越来越认可这样一个观点：只要是能够对其他人产生心理上的以及外在行为的影响，并且形成追随力的行为或过程即为领导。因此，归根结底领导是一种影响力、感染力。对于领导人才而言，这种感染力体现在积极的心理状态，无论是高度的进取心、强大的事业心，还是乐观豁达的心态，抑或是宽容感恩的情怀，看似波澜不惊实则潜流暗涌，都会起到深刻的感染与凝聚作用。四是选人用人能力的高低。选贤任能是我国优秀的历史传统，刘邦认为自己能力平平，但是善于用人，依靠“汉初三杰”打败强大的项羽，建立百年汉朝基业。刘备求贤若渴，“三顾茅庐”，终于感动诸葛亮出山相助，帮助自己结束屡战屡败、四处逃生的尴尬局面，成为可以与曹操、孙权抗衡的一代枭雄。领导人才在选人用人方面的优秀之处主要体现在能够重视人才、知人善任、用人以长等各个方面。简单来说，优秀的领导人才能够用人成事、能够用人成人。五是沟通协调能力的高低。矛盾具有普遍性，时时有矛盾，事事有矛盾。掌握良好的沟通协调方法与技巧，能够在一定程度上化解矛盾，实现由对立到统一的转变。卡耐基认为，沟通的最高境界是，说到别人愿意听，听到别人愿意说。很显然，并不是所有人都可以达到这个理想状态。优秀的领导人才对下善于倾听，对上精于讲话，平级明于平衡。

（二）领导人才有潜显之别

根据量变、质变规律原理可以得出这样的结论，领导人才可以分为潜领导人才和显领导人才两大类别。所谓潜领导人才是指尚未成为领导者的潜人才或者后备骨干，但已经拥有比较完善的领导素质，并且领导能力在实践中不断提高，在客观环境成熟时能够随时走上领导岗位的人才。显领导人才是指已经走上领导岗位、担任领导职务的领导人才。从最直观的角度来说，是否走上领导岗位是区分领导人才潜与显的重要标准。一般而言，领导者必定是领导人才，只有领导人才才能成为领导者。一般来说领导人才可以进入领导岗位、担当领导角色，实现由潜到显的转变。但在实际操作中，领导者不一定是领导人才，领导人才也不一定是领导者。从根本上说，领导人才并不是因为是否在领导岗位才得以作出判断的，而是以其是否具备优良的领导素质来判断的。如果不是领导人才却进入领导岗位，会造成滥竽充数，是不称职的。如果领导人才没有得到开发利用，会造成极大的资源浪费和公共悲剧。但不可否认，潜领导人才与显领导人才是两个不同的层次，由潜到显的过程，是领导人才层次性的充分体现。

四、领导人才的全面性

领导人才的胜任力分析有一个非常著名的“冰山”结构，“知识与能力是显露出来的冰山，水下面还有角色认知、人格特质、需要动机等内隐的冰山”。[①] 也就是说领导胜任是这些因素综合的矛盾运动的结果。现实中有很多人知识水平高、技术能力娴熟，但是却不能胜任领导工作，这是因为他们不懂得全面发展这一关键性要素，无法恰如其分地去生活、去感悟、去成为一个合格的领导人才。

（一）领导人才应是通才

领导人才应具有素质能力全面性、复合型的特点。一般来说，人才可以分为通才和专才两种类型。这是社会分工的结果，具有自身的特殊性与独特定位。所谓专才就是精通某一学科（包括相关技能）的专门人才，专才的最大意义在于构建了社会职业金字塔的基础和主体。专才体现的是社会分工与协作的趋势与要求。被称为“科学管理之父”的美国管理学家泰勒，在其科学管理理论中，非常强调劳动分工、重视员工的专业技能培训，以此作为提高生产率的重要途径。现代社会是劳动分工高度发达的社会，各行各业分工明确、各司其职，从而推进社会进步与发展。通才是具有广阔的知识平台、拥有娴熟的专业技能、同时内在素质与修养比较完备的人。通才适应性更强，犹如一块砖，哪里需要哪里搬。同时对于自我发展和提升也有较大优势。可能有人会问，既然通才和专才都有自己存在的合理性、都有社会发展所需要的特点和优势，领导人才到底应该是一种什么样的定位呢？让我们从下面的案例中寻找答案。

汉高祖刘邦斩蛇起义，手提三尺剑，经过入关灭秦，楚汉争霸，最终打下汉朝江山。在一次宴会上，刘邦道出了他成功的最重要原因：论运筹帷幄之中，决胜于千里之外，我不如张良；论抚慰百姓供应粮草，我不如

---

① 胡月星 . 胜任领导［M］. 北京：国家行政学院出版社，2012.

萧何；论领兵百万，决战沙场，百战百胜，我不如韩信。可是，我能做到知人善用，发挥他们的才干，这才是我们取胜的真正原因。至于项羽，他只有范增一个人可用，但又对他猜疑，这是他最后失败的原因。萧何、张良、韩信被称为“汉初三杰”，三人均具有卓越的才能，功绩赫赫，名留青史。但即使这样，仍然不能完全满足期望。萧何懂内政，可以“不绝粮草”，可以良好地治理国家；张良能够掌控天下大局，可以作出最好的谋划，但他们二人都“手无缚鸡之力”，不能亲自上阵。韩信虽然军事能力超群，但他缺乏一定的政治涵养，最终未能保得自己周全。“文能提笔安天下，武能骑马定乾坤”，这才是人们推崇的理想状态。这句话也恰恰说明了对领导人才的期望，道出了领导人才应该是通才这一事实。

虽然专才与通才各有自己的独特定位与作用，但是从现阶段的实际来看，通才的作用更加凸显，对于通才的渴求也愈加强烈。

（二）当代社会更需要综合性的人才

当今社会的整合趋势呼吁全面发展。“应当加强高等教育的社会服务功能，尤其应采取学科间的和跨学科的方法来分析有关的问题。”[①] 当今社会呈现出整体性、开放性和动态性的特点，需要更加全面的人才素质与能力，人才的开放与流动程度更高，这就更需要具有视野开阔、心胸开放与整合能力强大的综合性高素质人才。面对当今指数型变化的世界，单纯的、传统意义上的专才已经不能满足时代需求。尤其是我国正处于现代化建设、实现中华民族伟大复兴的关键时期。随着市场经济的不断发展，各项领导工作与事务更加复杂，诸多问题往往是多个领域共同作用的结果，

---

① 许小莲．论高职法律事务专业课程体系改革的根据——以江西管理职业学院为例［J］．江西行政学院学报，2010（4）．

单纯的专才已经难以满足现实的领导工作需求，单纯的技术性行为往往容易忽视人文关怀，违背以人为本的价值追求。我国互联网发展非常迅速，网民数量庞大，网络已经成为人们日常生活不可缺少的一部分。但同时各种问题也层出不穷，既有传统的互联网问题，也有新的难题。单纯地拥有互联网的技术性知识与互联网技术性管理素质与能力，已经不能满足现阶段的互联网治理与发展需求。互联网领域的领导人才需要掌握基本的网络技术，做到对于互联网本身的技术性理解，同时掌握基本的法律规范，更重要的是需要把握互联网发展的基本价值追求，排除单纯的工具理性，追求人本化原则，真正维护互联网领域的权利与正义。

当今社会比历史上任何时候都更加需要通才型的领导者，可以说高层次的领导人才应该是而且必须是全面的通才。复合型领导人才的特点主要体现在领导人才能够根据现实需要，在一定条件下积极实现自身领导角色的转变。只有领导人才是通才，具备多种技能、拥有较为全面的素质，才能在多种角色之间轻松转换，灵活应对各种复杂事务。领导人才应该既要掌握多方面的价值追求，拥有全面的素质与能力，又要加强修炼，努力提升自己的专业知识与技能，能够在具体领域做到理解深刻，业务熟练，能力强悍。

但是应该指出的是，对于领导人才的认识应该坚持重点论。领导人才虽然更应该是通才，从理论上讲是应该兼顾多个方面，但领导人才的定位是非常明显的，组织可能也会需要领导人才承担一定的、具体的技术性责任，但是从根本上来讲，组织需要的领导人才更多的是掌舵，只有在某些特殊情况下才可能亲自划船。

C H A P T E R 0 2

第二章

领导人才功能论

领导人才与其他领域人才的最大不同是，领导人才的价值在于领导组织、壮大组织、发展组织，最终实现组织的目标愿景。其功能主要体现在引领方向、凝聚人心、激活思想、影响众人等方面。

一、引领方向

著名领导学大师约翰·埃德尔专门探讨了领导者问题，认为领导者的原始含义便是指明方向的人。在中国语境下，领导有其整体的特定含义，“领”是带领、率领、引领，“导”是引导、辅导、疏导。领导人才必然是引领者、倡导者、先行者、方向把控者，积极努力带动组织其他成员追随其前行。作为领导人才要切实肩负起引领方向的职能，应深化以下三方面的认识并着力身体力行。

（一）优秀的领导素质是引领方向的基石

对于组织而言，犯难之际最需要领导。也就是说，当组织遇到困难时，最需要领导者排除困难、答疑解惑、指明方向。因此，指引方向是领导人才从事领导活动题中应有之义，也是领导功能最重要的彰显。但引领方向并不是一个简单的思考或者操作过程，也并非轻易就能做到，这取决于领导人才自身的领导素质。领导人才要能真正发挥引领方向的作用，必须要拥有综合的、优秀的领导素质，特别是要有超强的敏锐力、洞察力和前瞻力，进而大大增强自身的魅力和影响力，使自己更容易受到他人追随和拥戴。

在我国历史长河中，秦朝是一个非常引人注目却又非常短命的王朝，秦朝短命的一个非常重要的“掘墓人”就是西楚霸王项羽。尽管后人对项羽的评价经常是刚愎自用、故步自封，但实际上项羽在某种程度上也是一个成功的领导者，以其优秀的领导素质引导着秦末农民战争的历史方向。

公元前 208 年，赵王歇被秦军将领王离率领 20 万大军围困在巨鹿，无奈之下派使者向楚怀王求援。当时秦军十分强大，没人敢去迎战。项羽为报秦军杀父之仇主动请缨。于是楚怀王便封项羽为上将军，率军五万以解巨鹿之困。项羽破釜沉舟，将士的士气大受鼓舞，奋勇杀敌，势不可当，九战九捷，大败秦军，这场战役大获全胜。而项羽在如此紧要关头，能以少胜多、以弱胜强，并能在各诸侯军畏缩不前时率先猛攻秦军，令无数后世人对其充满了好奇与景仰。

分析这场战争的胜利，项羽的领导素质发挥了重要的作用。首先，通权达变、审时度势。他充分分析了秦军的士兵构成，发现里面有许多强迫而来的民众，士气并不高涨，战斗力也较低。更为重要的是项羽抓住了秦军立足未稳这一致命缺点，当机立断，“破釜沉舟”，通过断楚军后路，振楚军士气，一举将秦军击溃。此次战役的胜利，项羽的前瞻力和洞察力在坚定前进方向中发挥了突出的作用。其次，项羽的自信赢得了将士的认同和尊重，又坚定了将士追随的信心。《史记·项羽本纪》记载项羽用这样一段话描述自己：“吾起兵至今八岁矣，身七十余战，所当者破，所击者服，未尝败北，遂霸有天下。”可以看出项羽相当自信。在巨鹿之战中，面对悬殊的兵力差距，项羽没有丝毫胆怯，正是这种自信让他冷静决策，并能引领将士共同作战。因此，领导素质是领导人才能够引领方向的重要基础，更是成功感召下属追随的基石。

（二）洞察把控环境是引领方向的关键

对于领导生态而言，环境是非常关键的内在要素，它对领导活动的作用与影响很大。今天，由于环境变化的不确定性越来越大，环境把控也越来越难。可以说能否有效洞察环境的变化，已经成为领导者能否引领好方向的关键性要素。

《三国演义》中讲的水淹七军的著名战役，充分反映了关羽善于洞察把控环境而作出正确的方向性选择。关羽出荆州，进攻曹操，一路披荆斩棘，直逼都城许昌。曹操命大将于禁为南征将军，庞德为先锋，统帅七路大军，星夜营救樊城地区。关羽亲自迎敌，与庞德大战百余回合，久攻不下，且中箭受伤。魏军也一度士气受挫，无法继续进攻。数十日后，关羽登高观望，看到于禁、庞德军队驻扎在江汉改道的低洼地区，又见襄江水势汹涌，于是急命部下准备船筏，收拾雨具，又派人堵住各处水口，试图借环境之利取胜。就在这天夜里风雨大作，庞德在帐中只听万马奔腾，喊声震天。出帐一看，大水从四面急剧涌来，七军兵士随波逐浪，淹死很多。于禁、庞德率将士登上小土山躲避，关羽带大军冲杀而来，于禁见四下无路，投降关羽。庞德和身无盔甲的残兵败将，被关羽的兵马团团围住，战不多时，众将全都投降。只有庞德夺一小船，想顺流西去，却被周仓的大筏撞到水中，后被生擒。

在整个战役中，起决定作用的正是关羽对环境的认知与利用。首先，从兵力上来说关羽并不占优势，虽然一直凯歌高奏，但是行进过深，不仅人困马乏，粮草供应也开始出现问题，这在之后的围樊城而不下的过程中显露无遗。可以说，蜀军的内部优势并不大，甚至魏军只要利用好某些漏洞，就能将其一举击溃。其次，魏军力量并非处于劣势，曹操的军队向来训练有素，而且新增大量援兵，体力充沛，粮草供应充足。新到大将庞德也是以骁勇善战而闻名。双方交战，鹿死谁手仍未可知，但实际结果却是魏军大败，主将庞德战败被杀，于禁被生擒以后被押解回魏国，导致这种结果的关键性因素就是“水”这个环境因素。关羽察觉到汛期将至，早就将营寨扎在高处，并且开始准备截流屯水，而作为主帅的于禁，却忽视对环境的扫描与分析，仍然将营寨扎在低处，最终导致被水淹七军以致身败名裂。所以，对环境的认知是领导人才引领正确方向的关键，它关系到领导活动的成败。

（三）坚持以身作则是引领方向的前提

美丽的言辞能够打动人心，但在领导活动中真正能打动追随者的还是具体的行动，是领导者的行为。领导者以身作则，被领导者就知道自己该干什么、该怎样去干。领导者先行了、做到了，被领导者就有了方向和紧迫感，就会照着领导者的方向努力，共同实现目标。反之，领导者嘴上一套，行动一套，表里不一，被领导者就会失望、混乱、迷惑，进而迷失方向，背离组织目标。

二、凝聚人心

人心向背决定着领导活动的成败，也关乎组织的兴旺发展和事业的繁荣昌盛。领导人才的最大价值在于把人心凝聚起来，组织和领导群体共同做事，如期实现组织的发展目标和美好愿景。因此，有效凝聚人心是领导人才必备的能力，也是领导人才的一项重要职能。但真正做到凝聚人心又不是一件容易的事情，它需要领导人才具有卓越的领导魅力、良好的人格品行以及对愿景的坚定执着，以此获得众人的广泛支持、衷心拥护和高度认同，为组织的发展进步和事业的繁荣献计献策、勠力同心。

（一）以卓越的领导魅力凝聚人心

领导魅力是指领导者能够吸引人、感召人、凝聚人的力量。它是一种软实力。拥有领导魅力的人开展工作一般不是靠命令和强制，而是潜移默化地以其魅力浸润和影响他人内心，使之发自内心地敬佩、认同和追随。

随着人们受教育程度的普遍提高以及工作能力和个人素质的显著增强，很多领导者能做的工作被领导者也能做得很好，不再需要领导者对其耳提面命，而且被领导者希望实现治理而不是管理，期盼自己能更多地参与决策，能与领导者互动，充分表达自己的意见。在这样的时代背景下，作为领导人才应改变过去那种靠命令推动、强制的做法，而是主要依靠领导魅力调动众人的积极性，从而获得更大、更多、更有效的支持力量，推动组织前进。

一般来讲，领导魅力包括良好的形象、高尚的品格、实干的能力和真挚的情感。其中一项或几项共同作用便构成某一活动中的领导魅力，从而赢得人心，获得力量。当年上海市市长陈毅请著名化学家齐仰之先生出山为新中国效力就是靠领导魅力做到的。

上海解放初期，美帝国主义对新中国实行经济封锁，使全靠进口的药品盘尼西林（青霉素）大量缺货，危及人们生命安全。为了改变药品短缺的现状，陈毅市长决定请著名化学家齐仰之来突破此问题。齐仰之虽然极有才华，但对政治毫不关心，尽管陈毅一再邀请其出山研究，但他不为所动，深居简出，闭门著书。面对清高倔强的齐仰之，陈毅决定亲自出马登门邀请。齐仰之本不愿接待陈毅，看到市长亲自来访，也只是一再重申“闲谈不能超过三分钟”的规定。陈毅并没有凭借市长的硬权力强行突破，而是从尊重对方喜好入手，真诚与其沟通。陈毅说，“我知道齐先生是学者、是专家，只可就见，不可屈致，所以我才亲顾茅庐，如一顾不成，我愿三顾”。这其中没有盛气凌人、没有强迫命令，而是真诚地与齐先生进行沟通，尽量说明人民政府遇到的困难、说明人民政府的想法，真诚地请齐先生利用自己的技术帮助政府渡过难关。陈毅的这种真情与尊重，让齐仰之极为感动，他说道：“陈市长一片赤诚，枉驾来访，如此礼贤下士，已使我深为感动……”正是陈毅真诚的情感魅力，让齐仰之对其认同，并进而认同了共产党人的需求，而后主持筹建全国第一家盘尼西林药厂，为国家作出了突出的贡献。

可见，领导人才就是要利用自身的领导魅力，得到他人的理解、支持、尊重，并激发其力量，共同为组织发展而努力。

（二）以优良的领导作风凝聚人心

领导作风是领导者在领导活动中的态度和言行的一贯体现。优良的领导作风，具有极强的示范和带动作用，能够感动人、感召人、影响人，也是凝聚人心的有效办法。老一辈革命家在这方面为后人树立了光辉典范。在井冈山革命斗争时期，面对敌人的军事“会剿”和经济封锁，朱德也常随队伍去山下挑粮，山路陡峭，空手爬山都很吃力，但朱德的箩筐每次都装得满满的，战士们从心底里敬佩朱军长，并发自内心地追随他。在长征途中，毛泽东与战士们一起风餐露宿、吃草根树皮，用自身的行动带动大家。在延安大生产运动中，毛泽东同样耕地种田、开荒劳动、不畏辛苦，让老乡和战士们深受感动。在毛泽东率先垂范的积极影响下，解放区很快克服了严重的经济困难，并为抗日战争的最后胜利奠定了坚实的基础。在改革开放和社会主义现代化建设的今天，同样有数不胜数的基层干部以优良的领导作风凝聚人心的范例。

已故黑龙江省宝清县政协原副主席兼农业园区管委会主任于海河就是一个缩影。于海河一生工作没有离开过“三农”事业，在他短暂的 51 年生命中，一心为民、勇于担当、勤恳敬业，用生命诠释了一名共产党员、一位普通干部务实担当的优秀作风。他的事迹至今仍为人们所感动、传颂和学习。

2003年是中国农村税费改革全面推进、铺开之年。于海河任宝清县经济最差、债务最多的七星泡镇镇长。当地债务多、矛盾多、干群冲突多、信访量大，经常有农民到镇政府上访。于海河来到这里后，马上投入工作，了解情况，无论是陈年旧账还是新问题新矛盾，他都一件件认真记录下来……到了吃饭时间没谈完，他就在食堂边吃边谈；下班时还没谈完，就加班接着谈。不方便来镇里的，就通过电话谈，无论时间多晚，他都耐心接听。不到一年的时间，于海河将镇内的问题了解得一清二楚，并制订了详细的解决计划。2004年末，于海河所主政的镇各项工作考核均名列前茅，信访工作的考核成绩更是由末位跃居正数第二位。而问起于海河的经验，他说："像对待爹娘一样对待百姓、像尊重父母一样尊重群众。"正是脚踏实地、无私奉献的实干作风，心系群众、为民解难的公仆情怀，让他能够有效凝聚人心、化解矛盾、推动工作。

（三）以对愿景的坚定执着凝聚人心

愿景是人们为之奋斗、渴望成为现实的理想和蓝图，是人们心中的希望。当一群人憧憬于组织的愿景时，便会产生一种强大的凝聚力量，形成不竭的动力。然而在这其中，领导人才对愿景的态度起着关键性的作用，他必须能以对愿景坚定和执着影响众人，让人们在黑暗中看到光明、在危难时保持斗志，从而激励人心、凝聚力量、奋力前行。如果人们看不到希望，就会像意大利著名诗人但丁所说："生活于愿望之中而没有希望，是人生最大的悲哀。"进而人们就会懈怠、迷茫、意志力消退。

中国共产党领导井冈山革命斗争时期，毛泽东针对党内存在的"红旗到底能打多久”等悲观情绪严重影响红军士气和未来革命发展方向的问题，用自己对革命形势的正确分析和对革命前途的执着追求，坚定了红军将士们的信心和勇气。毛泽东在他的《星星之火，可以燎原》中指出：“马克思主义者不是算命先生，未来的发展和变化，只应该也只能说出个大的方向，不应该也不可能机械地规定时日。但我所说的中国革命高潮快要到来，绝不是如有些人所谓‘有到来之可能’那样完全没有行动意义的、可望而不可即的一种空的东西。它是站在海岸遥望海中已经看得见桅杆尖头了的一只航船，它是立于高山之巅远看东方已见光芒四射喷薄欲出的一轮朝日，它是躁动于母腹中的快要成熟了的一个婴儿。”[①] 尽管革命暂时受阻，敌我力量悬殊，但毛泽东仍然表达了对革命愿景的认同与坚定，并直观表达了当时所处的阶段和特征，字里行间透露着自信与希望。正是这种自信与坚定，鼓舞了士气，从而形成动力，引领人们向美好愿景所展示的目标前进。

三、激活思想

传统的领导者有的像保姆，处处关心照顾下属；有的像警察，事事监督管理下属。总之，被领导者是被动的，没有自己的思想，只能在领导者的安排下完全按照领导者的意志去作为。但 21 世纪的领导人才观表明，组织中的每一个成员在较大的限度内拥有思想的自主权和行动的自主权，也就是说，领导人才的一个重要作用便是激活思想、激发潜力。

（一）推行自我领导

随着时代的变化，领导观念也在发生变化，领导人才已经不是少数

① 毛泽东选集：第 1 卷［M］. 北京：人民出版社，1991.

人的专利，人人都有成为领导者的潜质和可能，被领导者的积极性和能力是组织发展不能忽视的重要力量。因此，今天的领导人才其中一个重要功能就是让被领导者实现自我领导，即被领导者自己领导自己、自己影响自己、自己作用自己、自己激励自己、自己约束自己，从而激活思想，提高领导效能。

“当官不为民做主，不如回家卖红薯”是传统社会人们对领导者的要求与期许。由于历史文化的惯性作用，至今很多领导者仍以救世主自居，生怕群众迷失方向，于是给群众确定方向；担心群众有困难，提前做好一切准备。总之，一切为群众想到，一切为群众做到，群众只需按照领导的安排和意图行动足以。但是，这种领导观念弊端很大。比如，当组织遇到问题时，被领导者就会坐等领导者决策，同时组织的发展空间也会因领导者个人眼界与能力的局限而受限，而且一旦领导者因故不能及时决策，被领导者便会茫然失措、停滞不前，组织便会出现领导真空，从而错失发展机遇。因此，组织的发展不能只是依靠领导者的个人力量，这不仅会压抑被领导者工作的积极性、主动性和创造性，不利于其成长，而且会严重影响领导效能和组织目标的实现。

若要真正发挥被领导者的积极性和主动性，领导者需给予帮助和辅导，为下属提供机会、提供舞台、提供规则、提供激励，使其能够有机会、有条件实现自我领导。在这方面，中国古代思想家老子的领导思想具有深刻的启示。老子以被领导者对领导者的态度和感受为视角，把领导活动的实施分为四种境界。

第一种是“侮之恨之”，即领导者通过强迫、压迫、命令等简单粗暴的方式来实施领导，被领导者不得不服从，但背后他们却对领导者恨之入骨。第二种是“惧之敬之”，即领导者较少使用粗暴手段，但仍然是以命令、惩罚方式来实施领导，被领导者只能听从命令，毫无自主性，对领导者敬而远之。第三种是“亲而誉之”，即领导者与被领导者的关系融洽，被领导者感到自己的领导可亲可近，但居于主体地位的仍然是领导者，被领导者仍然是被动地服从。第四种是“不知有之”，即居于领导活动主体地位的是被领导者而不是领导者，领导者只是提供服务、提供支持、提供条件，让被领导者积极作为，使其感到似乎领导者不存在而又无处不在。

这四种领导境界比较而言，当然是第四种最为理想，其突出特点表现为领导者的作用不是有形的强制，而是无形的影响，为被领导者积极主动做事创造条件，激活被领导者的思想，积极为组织目标的实现贡献智慧和力量，实现其自我领导。这种领导境界恰恰是当下领导活动发展的大趋势。

（二）激发他人潜能

激励下属是领导人才的一项重要功能。但激励并非简单地激发动力，而是要激发被领导者潜在的能力。人的心理、精神作用是强大的，一个人如果有信心、有激情、有动力，就可以发挥最大的潜能，完成艰巨而宏大的任务。那么，怎样才能让潜能变成显能呢？一个重要手段就是激励心智。人的潜能不经过激励开发仍旧是潜能，于事无补，但一旦经过激励就能变为显能，进而变为效能。领导人才的作用之一就是对被领导者进行心的激励，让其有动机、有兴趣、有热情、有信心，然后把自己的智慧、能力和才华发挥出来。著名的罗森塔尔“期望效应”试验极具说服力地阐释了这个道理。

1968 年，美国心理学家罗森塔尔来到一所中学，考察了一个十分普通的班级，临走时他兴奋地告诉班主任：你们班有 18 名学生未来前途一片大好，将来一定会成就一番事业。尽管当时这 18 名学生并非都出类拔萃，但罗森塔尔的热情、坚定仍旧影响了这位老师。从此，老师对这些学生特别关心，经常鼓励他们，尽量发现他们的优点，提供一切机会让他们成长……结果，在他们高中毕业时，这 18 名同学都考入了重点大学。所有人都被罗森塔尔的试验结果所震惊并无比信任。但事实是，罗森塔尔只是随便点了 18 名同学，并没有认真对他们进行考察，真正起作用的是老师对学生的关心关注、鼓舞激励、关怀指导。

罗森塔尔的试验说明，积极的期望可以激励人的心理与智力，可以使人的潜能得到最大限度的发挥，从而使潜能变为显能。

（三）信任他人

信任是相信而敢于托付的意思，它是引起他人全心全意、愉快地从事某项活动的一种心理效应。当这种需要被满足或激发时，人们就会备感鼓舞和振奋，进而激发责任心、增强事业心。因此，作为领导人才应注意尊重和信任他人，使他人焕发出无限的热情、坚定的意志，并全身心地投入工作中去。

当年毛泽东对原国民党将军傅作义的信任堪称范例。傅作义先生原是国民党的高级将领，1949 年 1 月，他接受了中国共产党关于和平解放北平的条件，率领 50 万余官兵投奔到人民阵营，受到了毛泽东的高度称赞。1949 年 2 月，毛泽东在西柏坡接见了傅作义。一见面，毛泽东便打趣道，过去我们在战场上见面，清清楚楚；今天我们是姑舅亲戚，难舍难分。毛泽东对傅作义在北平和平解放中的表现，给予充分的肯定，称其是功大于过，还是有功人员。并提出以后要加强合作，共同建设好国家。

毛泽东的话给了傅作义极大的激励，并进一步坚定了傅作义为人民多做工作的决心。1949 年 8 月，他亲赴绥远，如期实现了绥远的和平起义。1950 年美帝国主义发动侵朝战争，傅作义上书毛泽东，积极主张抗美援朝，并建议调原绥远起义部队赴朝参战。

之赴深溪；视卒如爱子，故可与之俱死。”士兵誓死效忠将军不是凭将军的职位权力，而是出于对将军的爱戴、钦佩，这种影响力就是其非权力影响力。

再如，联邦德国总理勃兰特。众所周知，第二次世界大战期间，德国法西斯的侵略给波兰人民造成了巨大的痛苦。德国法西斯建立多处纳粹集中营屠杀了 600 多万犹太人，其中约 300 万是生活在波兰的犹太人。1970 年 12 月 7 日，联邦德国总理勃兰特到波兰进行国事访问，他冒着凛冽寒风和雨雪来到华沙犹太人死难者纪念碑下，向纪念碑敬献花圈后，伫立凝视一幅幅受难者浮雕，突然双膝跪在纪念碑前湿漉漉的大理石板上，喃喃低语，深沉祈祷：“上帝饶恕我们吧，愿苦难的灵魂得到安宁。”勃兰特这一惊人之举，超出了正常礼仪规范，但却表达了德意志民族的深切忏悔。勃兰特这一跪，胜过千言万语，赢得了广大波兰民众的好感，有效化解了两个民族之间深刻的历史积怨，勃兰特也因此于 1971 年 11 月获得了诺贝尔和平奖。勃兰特的影响力远超出了德国和波兰，赢得了全世界的赞誉和影响力。

21 世纪领导活动的一个非常突出的特点就是，控制、约束、命令、管理等权力影响力的作用已经十分有限，靠激励、沟通、协调、引导等柔性方式影响被领导者的非权力影响力正发挥积极的作用。但在实际工作中，权力影响力与非权力影响力并非是截然相反的两极，如果想增强整体影响力，就必须把权力影响力与非权力影响力有机地结合起来形成强大的合力。

C H A P T E R 0 3

第三章

领导人才素养论

历史的天空，群星璀璨，每颗星星都有一个闪亮的名字：恺撒、成吉思汗、拿破仑、列宁、丘吉尔、毛泽东……纷繁典籍，无不书写英雄的史诗、讲述伟人的传奇。其中，或是矢志不渝的雄心，或是沧海横流的气魄，或是玉汝于成的磨砺，或是指点江山的从容……也许对英雄人物在历史发展中的作用还有争论，但是无论多大的范围、什么层次的领导人才都不得不思索：如何才能修炼成为卓越的领航人？是什么让领导人才走上时代的前列、立足于变革的潮头？如何让今天的领导人才驶进提升素养的快车道？怎样实现未来领导人才的新跨越？

领导人才素养是增强领导人才影响力的根本条件。所谓领导人才素养指的就是作为领导人才已经具备或应该具备的本质属性、基本特征或基本条件。领导人才的素养直接关乎其影响力的大小。

领导人才的影响力是在领导过程中影响和改变被领导者心理和行为的能力，也是实现有效领导的关键因素。从影响力的性质来看，可分为权力影响力和非权力影响力。权力影响力由法定的强制权、奖励权等构成，它是外力推动，被影响者的心理和行为表现的是被动服从。而非权力性的影响力是由领导人才的专长和个人影响力所形成的，它的特点是以内驱为主，被影响者的心理和行为表现为在信服、敬佩基础上的自愿追随。非权力影响力在领导人才的影响力中起着决定性作用。领导人才的非权力影响力大，就会有更多的被领导者认同和追随，他的权力影响力也会增强；反之，领导人才的非权力影响力小，就不会有更多的被领导者认同和追随，其权力影响力也会减弱。要提高领导人才的影响力，最为关键的是提高非权力影响力。在全球化、知识化日益发展的今天，环境对组织提出了更高的要求，组织也面临着更多的挑战，而关乎组织整体发展的领导人才影响力的增强也越来越被提上日程、日益引起人们的重视。

总之，提高领导人才的素养，不仅是增强领导人才影响力的根本途径，也是时代对领导人才提出的客观要求，需要领导人才认真对待，围绕领导素质时代性、阶级性、综合性、可塑性等特点，着力提高政治、品德、知识、文化四个方面的素养。

一、政治素养是根本

领导人才的政治素养是指领导人才在协调、统辖和治理社会生活各种关系中的政治信仰、政治立场、政治观点、政治鉴别力、政治敏锐性等方面的综合素养。领导人才的政治素养决定着领导活动的政治方向和政治目的，从而决定着领导活动是先进的还是落后的，是革命的还是反动的。毛泽东说："政治是统帅，是灵魂，是生命线。"可见，领导人才的政治素养不仅决定着领导活动的性质，还决定着领导人才自身发展方向的对错、政治生命的长短、工作成就的大小及其人生的成败。可以说，政治素养是领导人才素养的根本和核心。因此，领导人才应在政治素养的修炼与提升上下功夫。

（一）确立崇高的政治信仰

政治信仰是人们对理想的政治制度、政治目标或政治境界所持有的态度和信念。领导人才的政治信仰代表了领导人才的世界观、价值观，是关系领导活动目标、方向的根本问题。

在中国共产党成为领导党和执政党的环境下，中国的领导人才的政治信念就是建设中国特色社会主义，为共产主义事业而奋斗。实现共产主义始终是中国共产党人的最高理想，建设中国特色社会主义是当代中国各民族的共同理想和精神支柱，这是领导人才最重要的素质。这就需要领导人才认真学习马克思主义哲学、政治经济学和科学社会主义，努力掌握马克思主义的立场、观点与方法，树立正确的世界观、人生观、价值观，不断提高理论素养和党性修养，坚定社会主义信念，树立共产主义的远大理想。将马克思主义理论的学习看作终生的课题，把政治理论学习作为一种政治责任、一种精神追求、一种思想境界、一种与时俱进的强烈要求，不断提高政治思想觉悟和理论素养，使马克思主义的基本理论入耳、入脑、入心，自觉运用马克思主义理论、立场、方法分析问题和解决问题，创造性地开展工作。

（二）坚持为民的政治立场

立场是人观察事物和处理问题时所持有的价值取向。领导人才的政治立场是领导人才在处理各种社会关系时认识问题和解决问题的立足点和基本态度。

政治立场是领导人才政治素养的集中体现。领导人才只有坚定正确的政治立场，才能在领导活动中正确地观察和处理各种复杂的问题，才能在事关大局和成员根本利益的大是大非问题上做到旗帜鲜明、立场坚定。由于所属社会阶层和所持价值观念的差异，不同人员、不同政党往往有不同的政治立场。然而，毛泽东曾经说过："没有正确的政治观点，就等于没有灵魂。"对于领导人才来说，选取和坚守正确的政治立场是一个根本性的问题，它关乎领导人才自身的政治命运和存在的价值。坚持人民立场就是坚持正确的政治立场。人民立场是中国共产党的根本政治立场，是马克思主义政党区别于其他政党的显著标志。中国共产党始终就站在人民的立场上，作为领导人才应着力从三个方面很好地把握它。

一是坚持最广大人民的根本利益高于一切。习近平指出："全党同志要把人民放在心中最高位置，坚持全心全意为人民服务的根本宗旨，实现好、维护好、发展好最广大人民根本利益，把人民拥护不拥护、赞成不赞成、高兴不高兴、答应不答应作为衡量一切工作得失的根本标准。"这里的"最广大人民根本利益"是从整体上立论的，这与人民群众中每个成员的利益从总体上和长远上来看是一致的。

二是积极带领人民创造幸福美好生活。近现代社会要求社会成员必须以政党的形式组织自己的领导力量；反过来，政党则承担着领导社会成员实现自己目的的任务。历史表明，中国人民对幸福生活的渴望不可能自发地实现，只有在中国共产党的带领下，经过辛苦的探索才能创造人民的美好生活。这就需要领导人才坚持以人民为中心的发展思想，以保障和改善民生为重点，领导推动各项社会事业的发展，保证广大人民平等参与、平等发展权利，让改革发展成果更多更公平惠及全体人民，向着实现全体人民共同富裕的目标稳步迈进。

三是尊重人民主体地位。本质上说，人民是历史的创造者，是真正的英雄。而且在我国人民是权利主体。这就要求领导人才在从事领导活动的实践中，应紧紧依靠人民群众。依靠人民群众既是中国共产党群众路线的规定，也是中国共产党长期领导革命和建设有益经验的总结。尊重人民主体地位，就要在领导活动实践中，坚信党的根基在人民、党的力量在人民，坚持一切为了人民、一切依靠人民，充分发挥广大人民群众的积极性、主动性、创造性。

（三）锤炼深刻的政治鉴别力

政治鉴别力是对政治现象、政治关系、政治形势等进行分析判断，透过现象洞察本质的能力，体现为思想理论、政治智慧、政治信仰、政治立场和政治观点的综合运用。领导人才在变幻莫测的复杂形势面前，只有具备深刻的政治洞察力，才能见微知著、见表知里、见近知远，善于从本质上看问题，才能在各种复杂的社会关系中保持冷静、清醒的头脑，并对事物的发展趋势有高度的预见性和敏感性，从而及时发现问题和果断处理问题。领导人才欲具备深刻的政治鉴别力，需要如下能力支撑：

一是正确运用马克思主义理论的能力。由马克思主义哲学、政治经济学和科学社会主义构成的马克思主义理论，是一套完整健全的思想理论体系和思想方法。这一思想体系是领导人才练就深刻政治鉴别力的有效武器。作为领导人才应学会正确运用马克思主义理论对诸如“新潮”观点、“时髦”言论等各种复杂问题作出科学的分析，坚持在“有辨别”的基础上，历史地、辩证地、客观地看待事物，从而不被错误的、有害的东西所迷惑。

二是洞察是非的能力。在实际领导活动中，领导者常常面临复杂的形势和多变的局面。领导人才应始终保持清醒的政治头脑，善于洞察是非，尤其应将组织纪律放在前面。严格自律是领导人才洞察是非的前提和保证。大是大非往往不是一些简单的教条。领导人才应坚持从人民立场出发、从正义事业大局出发，对出现的复杂问题能够见微知著、洞察本质，特别是要能够及时认清和识破那些隐藏较深的有害组织发展的“伪装”“欺诈”行为，并对此采取正确的立场和合理的措施。

三是准确判断的能力。任何事情离不开科学的判断，讲政治更需要对复杂形势进行客观、严谨、科学的判断。作为领导人才对此不能小视。在这方面邓小平堪称是光辉典范。20 世纪 80 年代末 90 年代初，社会上对我国的改革开放有不同看法，甚至对改革开放的性质出现了姓“资”姓“社”的争论。针对这一情况，邓小平提出了判断姓“资”姓“社”的标准，他指出：“应该主要看是否有利于发展社会主义社会的生产力，是否有利于增强社会主义国家的综合国力，是否有利于提高人民的生活水平。”并且自此“三个有利于”成为我国衡量一切工作是非得失的判断标准，极大地推进了中国改革开放的进程。

（四）强化坚定的纪律意识和规矩意识

领导人才政治素养的构成是多维度的，但对领导人才的言行发挥根本制约作用的是政治纪律和政治规矩。在我国的政治生活中，领导人才大多是中共党员干部。对于党员干部来说，讲政治不只是思想观点层面的要求，更多的则是要把政治信仰落实在具体的政治行动、组织生活之中。在我国，党和国家的政治生活是通过一定的组织制度、依靠一定的政治纪律而组织起来的，而且政治纪律是现代政党制度最根本的政治要求。由此习近平指出：“各级领导干部特别是高级干部要牢固树立纪律和规矩意识。”

作为领导人才，欲强化坚定的纪律意识和规矩意识，最为重要的是应切实把握好政治纪律和政治规矩。

作为“六大”纪律之首，政治纪律指的是必须在政治原则、政治立场、政治观点和路线、方针、政策上同党中央保持高度一致，绝不允许自行其是，公开发表与党的路线、方针、政策和决议相反的言论，采取同中央的决定、决议相违背的行动。政治纪律是在政治方向、政治立场、政治言论、政治行动等方面必须遵守的刚性约束。

领导人才的政治规矩则是把为人做事的尺度深植内心，使其言其行自觉地遵从这些尺度。领导人才的政治规矩，是经过一定的心理习惯和心理机制逐渐形成的从自然到自觉、从他律到自律的行为模式。这个心理机制包含着肯定和否定两个方向。肯定方向包含着两个层次："自选动作"和"规定动作"。"自选动作"指的是较为高远的追求，达到固然可喜，达不到亦属正常；"规定动作"是指自己的职责所在，不做就是失职、渎职，就要受到责任追究。肯定方向要求领导人才在思考和处理问题时将党的利益、人民的利益、自己的职责放在最为重要的位置上优先考虑。否定方向包含着"有限空间"和"绝对底线"两个层次。"有限空间"是指在一定幅度之内允许去做，有一定的自由裁量空间，但如果超过限度就要出问题、犯错误；"绝对底线"就是绝对不能碰触的事物，如同高压线一旦碰上就无法救治。否定方面要求领导人才在思考和处理问题时有清醒头脑，有回避意识，衡量不该想、不该做的内容是什么，明晰为人为政的界线在哪里，警惕越过界线的危险是什么。任何具有党员干部身份的领导人才，都必须自觉地遵守政治纪律和组织制度，这是衡量和考验党员干部领导人才的政治素质好坏和政治能力高低的一把标尺。规矩意识的形成不是一朝一夕之事，需要一个长期培养和凝聚的过程。

二、品德素养是基础

品德是一定社会调整人们之间以及个人与社会之间关系的行为规范的总和，而且这种关系的调整多是以善与恶、正义与非正义、公正与偏私、诚实与虚伪等概念来进行的。领导人才的品德素养则是调整领导者与被领导者之间、领导者个人与组织和群体之间关系的行为规范，其中包括领导职业道德、政治道德、权力道德、社会道德、群体道德和生活道德等方面。领导人才的品德素养影响着领导者与被领导者之间的关系，影响着领导者能否获得认同和追随，以致最终影响着领导活动的成败。

古人云："德不重，不服众。""无德不以使民。"中国北宋时期的政治家司马光说："德者，才之帅也。""是故德才全尽，谓之圣人；才德兼之，谓之君子。德胜才，谓之愚人；才胜德，谓之小人。苟不得圣人君子而与之，与其得小人，不若得愚人。何则？君子挟才以为善，小人挟才以为恶。”这些说的都是“德”对领导人才的重要性。因而“德”不是看不见摸不着的“口头禅”，也不是可有可无的“装饰品”，它是革命化的集中表现，是创业绩的重要基础和深孚众望的精神武器。

可以说，领导人才的品德认识和品德行为水平是领导人才形成和发挥影响力的重要因素。领导人才只有具备良好的道德素质，才有影响力、号召力，才能吸引群众、动员群众、影响群众，才能有好的组织氛围，才能与被领导者形成良性互动关系，使组织内部出现健康、积极的氛围，从而增强组织的向心力、凝聚力和战斗力，确保领导目标的实现。

中国共产党历来高度重视党政领导人才的道德修养。从毛泽东、邓小平、江泽民、胡锦涛到习近平，都十分强调领导干部道德修养的重要性。2014 年 5 月习近平在河南省考察时强调指出，“面对纷繁复杂的社会现实，党员干部特别是领导干部务必把加强道德修养作为十分重要的人生必修课，自觉从中华优秀传统文化中汲取营养，老老实实向人民群众学习，时时处处见贤思齐，以严格标准加强自律、接受他律，努力以道德的力量去赢得人心、赢得事业成就”。然而，领导人才的品德素养要求是厚重的、多维度的，这里仅强调三个方面。

（一）崇尚大公无私

公与私是经常考验领导人才道德取向的大问题。大公无私，是领导人才最基本的品德规范，是领导人才处理领导活动一切事务和关系的基本品德准则。因为，领导人才是社会风尚的引领者，是组织或群体生活的决策者、组织者。在正式组织中，领导人才还是群体利益的分配者。因而领导人才必须大公无私、全心全意地为自己所代表的组织和群体谋利益。只有这样才能得到人们拥戴，获得权威并实现领导目标。如果领导人才不能做到大公无私，甚至利用职权谋取私利，就会使自己成为被人不齿的贪腐分子，同时也会败坏社会风气，使组织偏离正确目标。

宋朝诗人林逋曾言："私心胜者，可以灭公。"就是说，如果"私"太重，"公"就会无限缩小；私心太重，原则就会丧失。古往今来，从事伟大的事业并想获得成功的领导人才，无一不具有大公无私的献身情怀。毛泽东就是光辉的典范。毛泽东晚年曾说"我没有私心"。

"一心可丧邦，一心可兴邦，只在公私之间尔。"以习近平同志为核心的党中央坚决反对"四风"，其实质就是对公心与私心的鉴照，是对公利与私利的考验。倘若领导干部抱着"做官只为自己吃和穿"的信条混迹于仕途，人民的利益永远是泡影，个人的私囊永远不会填满。因此，肩负使命与担当的领导者应该切实练就大公无私、公私分明、先公后私、公而忘私的高尚品德与为民情怀，打牢领导人才应有的道德基础。

（二）坚守诚实正直

古往今来，人们都追求真相、唾弃伪诈。人们愿意追随能够区分对错、认清曲直的领导者。在领导力和追随者的关系中，诚实正直是最重要的、最具人身色彩的品质。如果人们追随一个不诚实的领导者，他们最终将感受对自己的欺骗。美国领导学大师库泽斯和波斯纳的研究表明，诚实正直总是排在第一位的品质，这是唯一一项超过了 80% 的人选择的品质。

诚实正直与价值观和伦理道德紧密相连，要求领导人才坚守诚实正直，是指领导人才做事要有一定的透明度，要言行一致，要坚持正义、富有勇气，能够坦率地对待自己和他人；同时还要能够区分正确与错误，并有坚持正确想法的意志。在知识经济时代背景下，各种竞争日趋激烈，领导人才的诚实与正直对于提高组织的凝聚力和竞争力具有极为重要的作用，因此，领导人才要努力建立值得信赖的形象，具备诚实正直的优秀品质。

（三）坚持严于律己

克己自律是道德修养的一种境界，也是以德从政的实现途径。习近平曾指出："一个人能否廉洁自律，最大的诱惑是自己，最难战胜的敌人也是自己。一个人战胜不了自己，制度设计得再缜密，也会'法令滋彰，盗贼多有'。中国传统文化历来把自律看作做人、做事、做官的基础和根本。"刘少奇在《论共产党员的修养》中强调"慎独"的境界对领导人才提升道德修养有深刻启示，他指出："即使在他个人独立工作、无人监督、有做各种坏事的可能的时候，他能够'慎独'，不做任何坏事。"小处不渗漏、暗处不欺隐的慎独，是一种道德修养方法，更是一种极高的修身律己的理想境界。领导人才在独处、无人注意时，也要小心谨慎，严格要求自己，不做违背道德的事。

领导人才坚持严于律己，就是要老老实实做人。做老实人不做"两面人"，既是党员干部应有的道德品质，也是党员干部必备的政治品格。老实做人、做老实人，是共产党员先进性的内在要求，是领导干部"官德"的外在表现，也是中国共产党的一贯主张。领导干部老老实实做人，是一种高尚的人生态度，更是一种严谨的道德实践。因此，应努力做到对党和人民忠心耿耿、对工作尽职尽责、对成绩谦虚谨慎、对群众满怀真情。

坚持严于律己，要求领导人才时刻注重检讨自己的不足，改正自己的缺点，谦虚自律。只有严于律己的领导人才，才能做到"口能言之，身能行之"，赢得广大群众的信任和拥戴；只有严于律己的领导人才，才能正确用权、公正待人，秉公执法、公正处事；只有严于律己的领导人才，才有可能自觉抵制各种物欲的诱惑，做到出淤泥而不染，淡泊名利，清正廉洁。

总之，只有严于律己的领导人才，才能够不断自觉提升领导品质和领导境界，使自己始终保持崇高的威信和声望，具有强大的人格、品德力量，也只有这样才能青史留名、无悔人生。正如周恩来所言：“世界上最聪明的人是最老实的人，因为只有老实人才能经得起事实和历史的考验。”

三、知识素养是保障

领导人才的知识素养是指领导人才学习、掌握和运用现代科学基本知识的水平和能力。它既影响着领导能力的提高，也影响着领导人才的自身修养的完善。特别是随着知识经济时代的到来，科学技术成为推动社会发展的重要力量，领导人才的知识素养也显得越发重要，已然成为科学实施领导的重要保证。因而，现代领导人才应着力围绕以下四点提高知识素养。

（一）知识储备要丰

由于领导工作的综合性、多样性，要求领导人才应该掌握综合性、多样性的知识。特别是在知识经济时代，随着技术革命的不断推进，各类学科的相互渗透、彼此交叉，现代科学出现了既高度分化又高度综合的发展态势，这就更加要求领导人才与时俱进，不断拓宽自己的知识面、强化自己的知识储备。

新时期的领导人才不仅要具有较高的马列主义理论水平和政策水平以及一定的社会科学、自然科学、思维科学等方面的知识，掌握现代信息技术、外国语言、行政管理、领导科学、人力资源、心理学等方面的知识，而且应对一切代表未来发展和进步方向的新知识、新成果、新技术都予以及时追踪和学习研究。诸如云技术、大数据、人工智能、第四次工业革命、“互联网 +”等新科技新观念层出不穷，领导人才必须站在时代的前沿，对自身的知识素养进行不断的刷新，吸纳最新的观念和成果，使自己成为知识的“杂家”、成为“通才”。这就需要处于转型期的领导人才勤于学、敏于思，坚持博学之、审问之、慎思之、明辨之、笃行之，以学益智、以学修身、以学增才，加快知识更新，拓宽眼界和视野，避免陷入不知而盲、少知而迷、无知而乱的困境，着力克服能力不足、本领恐慌的问题。只有这样，才能在领导活动中赢得主动、占领先机，才能有资格和能力进行卓有成效的指挥和组织。领导人才只有具备渊博的知识，才可能在观察和分析问题时视角多维、思维迅捷，及时抓住要害切中肯綮，采取灵活有效的措施果断地处理和解决问题。

（二）专业知识要通

领导人才所从事的专业不同，有着不同的专业知识构成。从事什么工作岗位的领导人才，就应具备什么工作岗位必备的专业知识。对与自己的领导职位相关的专业知识和专业技能有所了解，这是对组织进行有效领导的基本前提。领导人才只有熟悉本职专业方面的知识和技能，在攸关组织发展的决策、用人、组织、协调工作中才会不乏话语权，才有可能成为一个合格的领导人才。当然，专业水平较高的领导人才也要避免过于受专业背景的局限，刻板僵化地处理领导活动中的各种问题。

（三）领导知识要精

当下，领导环境与以往相比发生了深刻的变化，各种关系日趋复杂且瞬息万变、群体成员的整体素养越来越高、领导人才肩负的领导与管理任务愈加繁重。在这样背景下对组织实施有效的领导与管理，仅凭过去的传统做法和从实践中获取的经验是难以做到的。因而现代领导人才应精通领导科学、把握科学的领导理论和方法，并将其与传统和现实的领导经验有机地结合起来，进而实现科学领导。

（四）知识结构要优

领导人才知识素养的高低，不仅取决于拥有知识的深度和运用知识的熟练程度，更取决于知识结构是否合理。合理的知识结构可以使同样数量的知识发挥更大的作用、产生更大的效能、形成高超的领导艺术。领导人才应确立复合型、外向型的知识结构，并着力抓住四个方面的特点加以构建：一是整体性，注重将一系列相关知识整合梳理、调配为一个知识系统，使其互相配合，共同发挥作用。二是层次性，使结构化的知识维度清晰，各自发挥不同的作用。三是开放型，不断接纳和吸收体现时代要求的新知识、新方法、新技术的知识，摈弃过时的知识。四是动态性，随着理论与实践的发展，知识结构做相应的调整和补充，使知识结构进一步趋于完善与合理。这就要求领导人才努力做到博览群书，专博结合，顺应社会发展的大势，不断优化知识结构，使领导理念、领导思维、领导方法与时俱进，进而使领导活动紧跟时代的步伐阔步前进。

四、文化素养是境界

“学史可以看成败、鉴得失、知兴替；学诗可以情飞扬、志高昂、人灵秀；学伦理可以知廉耻、懂荣辱、辨是非。”文化素养作为领导水平、管理艺术和执政能力衡量的重要内容，在领导人才素质结构中占有重要成分，它决定着领导人才对人类精神成就的分享程度；对世界理解的广度和深度，决定着领导人才交流、交往的层次和品味，也是最容易获得事业成功和群众认可拥护的重要因素。领导人才的文化素养，总的来说是领导人才对人文文化和科技文化中的部分学科拥有了解、研究、分析、掌握的技能，可以独立思考、剖析、总结并得出自己的世界观、价值观的一种能力。

领导人才提高文化修养应重点从以下三个方面着手。

（一）确定文化素养的追求

领导人才的文化素养追求，就是要加强人文修养，养成人文精神。“人文精神一旦养成，就是一种崇善抑恶的秉性，一种无须他人提醒的自觉，一种促进社会进步的动力。”而且这种人文精神绝不是对西方概念的照搬照抄，而是一种源于中国优良传统、植根中华大地的具有中国特色的社会主义人文精神。这种人文精神体现在领导人才个人的素养上，就是具备眼光长远、思维缜密、决策科学、宽容亲和、乐观豁达、人格高尚、情趣高雅等诸多品质。进一步讲就是：拥有一定古典文化的积累，能够理解传统；关注人的命运、人存在的价值和意义以及人的自由、发展和幸福；尊重文化的多样性，宽容对待不同的文化；能够自觉维护和践行公平正义的社会价值；等等。进而使自己对待事物有新认识、新观念，解决问题有新手段、新方法，切实摆脱充斥浮躁的环境束缚，自觉走出单调、低级、无味的生活，走出既得利益的小天地，走向豁达和谐的大世界，将为民服务内化为价值追求、外化为自觉行动，成为一个脱颖而出的人。

（二）从历史中汲取智慧营养

阅读经典历史书籍，是提升领导人才文化素养的重要途径，也是做好领导工作的重要保障。习近平指出：“不忘历史才能开辟未来，善于继承才能善于创新。只有坚持从历史走向未来，从延续民族文化血脉中开拓前进，我们才能做好今天的事业。”

学习历史，有益于增强历史意识、提高工作能力和领导水平。历史是教科书、是营养剂。领导人才学习历史，不但要学习中国历史，还要学习世界历史；不仅要学习中华文明史，还要学习近现代史。领导人才了解这些历史文化知识、思想智慧、经验教训，要结合工作实际，本着继承和批判的精神，或引以为戒，或以之为鉴，或吸纳自强，不断丰富自己的头脑，开阔眼界和胸襟。通过学习历史看成败、鉴是非、明兴替，不断深化对共产党执政规律、社会主义建设规律、人类社会发展规律这“三大规律”的认识，进而增强历史意识，提高认识能力和精神境界，使领导工作水平不断提升。

（三）吸纳优秀传统文化精华

中华文化源远流长，积淀着中华民族深厚的精神底蕴，散发着中华民族独特的精神气质。文化是民族的血脉，是人民的精神家园。灿烂辉煌的中华文化是前人优秀思想和理论的结晶。优秀传统文化蕴含着丰富的修身、齐家、治国、平天下的道理，智慧烛照古今，价值跨越时空。习近平明确提出：“在确立人类社会普遍的道德规范方面，中华文化有其优长之处。”“老子、孔子、墨子、孟子、庄子等中国诸子百家学说至今仍然具有世界性的文化意义。”“这些‘思想家上究天文、下穷地理，广泛探讨人与人、人与社会、人与自然关系的真谛，提出了博大精深的思想体系。’”因此，领导人才应经常阅读优秀传统文化书籍，吸取中华民族的思想财富，吸收前人在修身处世、治国理政方面的智慧和经验，坚持古为今用、推陈出新，不断提高文化自觉，提升思维品质、增强思辨能力，探求事物规律，提高领导水平和领导艺术。

C H A P T E R 0 4

第四章
领导人才能力论

领导人才的地位所体现的不仅仅是权力，更是一种气度、眼光和能力，而且这种能力集中体现在决策力、用人力、协调力和落实力四个维度上，并由此构成领导人才的核心能力。然而，这种领导能力并不是先天就有的，而是后天培养锻炼出来的。因此，作为领导人才要有效提升自己的核心能力，既需要组织不断加大培养塑造的力度，又需要自身进行自我提升，努力掌握核心能力提升的科学规律，积极探索核心能力提升途径，积极构建组织与个体良性互动机制，切实做到善于决策、善于用人、善于协调和善抓落实，进而把核心能力建设不断推向新高度。

一、善于决策

决策是领导人才众多职能中最基本的职能，它涵盖领导人才活动的诸方面。无论是组织管理、选才用人还是沟通协调，都需要领导人才制定正确的决策来实现既定目标。没有决策，就无所谓领导。不仅如此，决策贯穿于领导活动的始终。哪里有领导活动，哪里就有决策。可以说，领导活动的过程就是制定决策和实施决策的过程。因此，领导水平高低首先表现在决策水平上。领导决策是衡量领导人才领导水平的主要标准，是领导水平的全面体现。领导人才在决策中要正确把握重视经济效益兼顾社会效益的指导思想、科学的思想方法、坚实的信息基础、严格的决策程序、完善的决策机制、广泛的民主参与等科学决策的基本原则。在今天体制转轨、机制转换、社会转型、推动“四个全面”落地生根的社会历史条件下，领导人才在坚持上述基本原则进行决策的基础上，还要必须在如下几方面下功夫。

（一）加强理论武装，指引决策

决策是目的明确的活动。领导人才决策是要服务于组织事业的发展，也就是说，领导人才必须确保决策政治价值的鲜明性。这也是领导人才决策过程中所应考虑的首要因素。

不论是战略决策还是战术决策，不论是个人决策还是集体决策，不论是确定性决策还是不确定性决策以及风险决策，不论是规章制度的建立还是各项规定的完善，诸如此类决策都需要领导人才在决策中把握方向目标。而领导人才对决策目标方向的把握离不开对马克思主义理论的掌握。无论对党还是对党的领导人才来说，理论上的成熟都是政治上成熟的基础，有了理论上的清醒和坚定，才能保持政治上的清醒和坚定。加强马克思主义理论武装是做好一切工作的看家本领，也是领导人才必须掌握工作制胜的看家本领。只有掌握了马克思列宁主义、毛泽东思想、邓小平理论、“三个代表”重要思想、科学发展观，特别是中国共产党十八大以来习近平系列讲话精神，真正领会了贯穿其中的马克思主义立场、观点、方法，才能在纷繁复杂的决策形势下坚持正确的指导思想和前进方向；才能在各种决策中体现共产党执政规律、社会主义建设规律、人类社会发展规律；才能带领人民走对路，把中国特色社会主义事业不断推向前进，为实现中华民族伟大复兴的中国梦贡献力量。

十八大以来习近平提出的许多富有创见的新理念、新思想、新战略，深刻回答了新的历史条件下党和国家发展的重大理论和现实问题，丰富和发展了马克思主义理论，深化了党对中国特色社会主义规律和马克思主义执政党建设规律的认识，为领导人才在新的历史起点上进行科学决策提供了基本遵循。当然，掌握党的路线方针政策和国家法律法规，也是领导人才决策要做的基本准备，也是很重要的政治素养。否则，就无法制定决策、解决问题，甚至出现这样或那样的毛病。

（二）平衡多元利益，公平决策

领导决策往往是组织资源的分配和再分配，说到底是一个利益分配的问题。伴随着社会主义市场经济的快速发展、全面深化改革的不断推进以及我国经济社会文化发展的不均衡，利益主体前所未有地日益多样化，利益和权力前所未有地被重新调整和分配。即使在同一阶级、同一阶层内部，每个主体的具体利益也存在明显的差别。各方利益主体都期望在领导决策中，也就是在新一轮的利益格局构建中获得收益，这就增加了不同利益主体发生摩擦的概率。而领导决策往往就是各种相互冲突的利益、意见和观点相互碰撞、博弈的结果，根本无法做到“零冲突”，因此，领导人才在决策中要注重平衡各方利益，公正公平地决策。这就需要着力注意以下四点。

一是建立多元的利益表达机制。利益的表达是决策的基础，领导决策总是在一定利益表达基础上的决策，只有通过多元利益主体充分的利益表达，才能使其利益诉求反映在决策参与程序中，从而使最终的决策既可以反映最大多数人的利益需求，又可以保护少数人的正当利益，进而保证决策的广泛社会基础。当然，决策中又不能迷信人数的多少、声音的高低。即便对更多群体有利的决策，也要充分听取那些对此感觉不利的少数人意见，争取实现共存与共赢。

二是建立利益综合机制。原生态的民意是一盘散沙，需要将各分散的利益主体要求进行科学理性地归纳、概括、集中、提炼总结和分析。在利益平均化的格局下，将相差无几的利益表达整合成为整体的、全面的利益要求。对那些有一定差异的利益诉求，应积极地培育其让步妥协精神，努力寻找各方利益的平衡点和解决方案的最大公约数，并使之与社会主导性群体的利益要求紧密结合，进而通过制定和实施法律或政策予以满足。

三是建立利益采纳机制。只有公众自己的意志与利益得到了合理的体现，其意见真正为决策者所接纳或采纳，才能提高社会公众对领导决策的认同感和支持度，社会公众在接受和执行决策时才具有积极性和主动性，决策才能最终落地生根。

四是建立利益补偿机制。制定使得利者反哺利益受损方或向利益受损方进行其他利益倾斜的措施，对那些在决策制定和执行中的利益牺牲者、弱势群体或受损方实施利益补偿。

（三）分解改革战略，渐进决策

领导决策往往是战略性的，目标较为宏大。我国目前进行的全面深化改革作为一项复杂艰巨的系统工程，是一场广泛而深刻的社会大变革，是一项前所未有的大事业。它涉及面广、任务多、难度大，这一宏大目标需要在一系列子目标实现的基础上逐步完成。在决策上应重点坚持三条：

一是分解目标决策。目标分解是领导人才赢得决策主动权的最佳工具。当下，无论是制定改革决策还是执行改革的决策，其目标往往都是较为宏大的、抽象的，不便于操作和测量，因此有必要将总目标进行细化和分解，使之成为一个个具体的、可操作的子目标。而且对改革目标进行分解也会使决策中的人为反对阻力相应减小。邓小平设计的中国现代化建设的目标就是通过分解为“三步走”的发展战略来实现的。我国历来国民经济和社会发展的“五年规划”也是实现现代化建设的一个个阶段性目标。

二是从易到难决策。领导决策一般要从难度不大、风险较小、比较确定的事情做起，优先出台那些现实可行的改革方案，坚持循序渐进，逐步解决更为复杂和困难的问题。我国 30 多年的改革就是先从经济体制改革开始，然后由经济体制改革逐步向政治、社会、文化体制改革推进，进而成功地探索出中国特色社会主义改革之路。

三是先行试点决策。对重大改革决策应先进行试点。依靠不断的尝试和摸索，甚至“试错”进行决策的调适，而后再逐步推广。这样才能更好地保证改革的稳步前进，最终获得成功。

分解目标和渐进决策的基本特征是稳扎稳打、不过于冒险，即使出现问题或错误，也便于把错误带来的损失降到最低，通过“积少成多”“稳中求变”路径最终实现改革目标。渐进决策并不否定局部或部分地采取激进式决策模式；并不否定当社会条件和环境发生巨大变化时，需要对以往政策提出彻底改变，采用剧变式的决策方法。领导人才需要根据组织、社会的发展特点以及时机、地点的客观条件，灵活运用决策模式和方法。

（四）快速控制危机，超常决策

我国目前由于各种原因，社会矛盾错综复杂地聚集交织，社会和自然风险不断增加，各种危机现象频繁发生，领导人才应善于对危机进行超常决策、非程序化决策，并重点注意以下三点。

第一，积极主动面对，适时正确发声。态度决定一切。危机往往会给人的生命、财产带来威胁和破坏。无论危机发生时情况如何、原因何在、多大规模、有无对策，都应态度积极地去面对，给外界展示出一个积极负责和敢于担当的良好形象，其中有两点需要认真对待：一是以积极的态度进行道歉，抢占道德制高点。任何一个危机都裹挟着道德的审判。人一旦陷入危机，马上就会处于道德的低洼地带，相关人就会受到人们的指责和批评。只有快速诚恳地向利益相关者或公众道歉、积极主动地承担责任，才能走出道德洼地、才能重拾公众的信任，也才有资格和公众对话、才有所谓的应对措施。二是以积极的态度发布信息，抢占信息制高点，引导舆论。权威部门应快速及时地通过权威媒体如实向公众公布危机信息，避免谣言的产生以及由此导致的公众恐慌。即使危机原因不明也要快讲事实，事实如若不明，要用表态来填补信息的真空。对外发布信息应统一口径、保证信息准确一致，以免引起不必要的混乱。

第二，快速科学处置，控制危机蔓延。决断中应遵循从贤不从众、虑忧不虑喜的原则，快速控制危机，避免态势的进一步恶化。其中应把握好四点：一要能够对危机事件进行正确定性。既不能过度，也不能不足，应根据事件性质采取措施。若判断有误，要么控制不力，要么造成不必要的恐慌和浪费。二要能够明确危机事件的重点。抓住利益相关者、事件的瓶颈等各层面各环节中的重点作为问题解决的切入点。三要做到责任到人。将具体的工作进行分工协作，避免多人负责最后都不负责问题的出现。四要做到措施得力。反应迟钝、优柔寡断，没有措施或措施不当，都会导致丧失有效处置机遇或事与愿违，以致造成更大损失和负面影响。

第三，坚持以人为本，推崇生命至上。对生命的尊重、对生命价值的高扬，就是真正的以人为本。这是应急决策的出发点和落脚点。人的生命只有一次，不可复制也不可逆转。因此，以人为本应是衡量其他一切价值的尺度。应急决策的整个过程都要坚持生命高于一切、生命先于一切、生命重于一切的原则，全力抢救幸存者、快速寻找失踪者、积极保护救援者、善待安抚受害者、妥善处置遇难者。

（五）提升思维品质，辩证决策

领导人才在决策过程中表现出来的思维品质，将直接影响决策的效果。面对艰巨的社会转型、体制转轨、机制转换，领导决策的复杂性比以往任何时候都突出，需要领导人才有良好的决策思维品质，特别需要从以下五个方面培养一种全新的哲学思维方式，进行辩证决策。

一是要有系统辩证的思维品质。决策中要始终坚持把相关决策的各要素放在一个相互影响、相互作用、相互依赖的整体系统之中。坚持把决策对象看作一个系统或整体，认同决策理念系统内部各要素之间和系统内外之间是具有相互联系的系统整体，从对象整体性出发，先综合后分析，最后形成一个新层次的综合。

二是要有战略辩证的思维品质。战略思维是系统思维的高级形式。领导决策过程中，要以战略家的眼光着眼于全局性、根本性和长远性问题，审时度势，统筹兼顾，从总体上抓住事物变化的关键性环节和发展趋向。坚持在时间维度上跳出眼前，从长远看眼前；在空间维度上跳出局部，从全局看局部；在系统维度上，跳出部分，从整体看部分。目的在于把握长远、把握全局、把握整体和根本，追求全局和长远的整体利益。

三是要有创新辩证的思维品质。决策要坚持解放思想、实事求是的思想路线。敢于打破权威和条条框框。善于从传统方法中创造出新的形式，要敢于运用新的方法提出新的思路、新的创意。同时还要善于把握工作的连续性与创造性的关系。既不能为了所谓的决策创新而忘记了继承的连续性，也不能因为要继承传统而忽视了创新，要坚持创新与继承二者间的辩证统一。

四是要有底线辩证的思维品质。决策中要善于从坏处着眼谋划工作，促使事物向积极方面转化，努力争取最好的结果。习近平指出："要善于运用‘底线思维’的方法，凡事从坏处准备，努力争取最好的结果，这样才能有备无患、遇事不慌，牢牢把握主动权。”目前形势下要积极管控风险、管控分歧、防守底线。底线思维，实质上是一种前瞻性思维。决策中要做到在最坏的可能性上建立政策，把工作放在最坏的基础上来设想。所以，领导人才要在实地调研中、广纳群言中、严格程序中把握底线思维。

五是要有历史辩证的思维品质。决策既要尊重历史发展的客观性，又要符合历史发展的逻辑、历史必然性和历史发展规律。也就是说，要将决策问题纳入历史发展过程中来进行。中国特色社会主义道路、中国特色社会主义制度以及中华民族伟大复兴的中国梦就是在分析历史发展的过去、现在和将来的基础上进行辩证决策。

二、善于用人

用人是领导者对人才识别、选拔、使用与培育的过程。领导人才是因人成事、为人成事的领导者。在这个意义上说，善于用人是领导人才能力的直接体现，也是关乎事业成败的大事。只有人才济济、精英辈出的组织才能基业长青，创造卓越。当今世界，无论是国家、地区之间，还是企业组织之间的竞争，归根结底是人才的竞争。特别是我国进入全面建成小康社会、实现社会主义现代化的重要时期，人才无疑是最根本、最重要的因素。这就要求肩负重任的领导者高度重视用人问题，把人才的开发和合理使用置于重要的战略地位，善于发现人才、使用人才、培养人才。优秀的领导人才应拥有爱才之心、求才之渴、识才之眼、选才之制、引才之法、用才之能、容才之量、育才之制、荐才之德、护才之魄，并坚持将这十个方面集中凝聚于识人、选人、用人和育人之中。

（一）科学识人

科学识人是领导人才善于用人的前提。唐代文人韩愈在其《马说》中曾发出这样的感慨："世有伯乐，而后有千里马。千里马常有，而伯乐不常有。"这里并非强调人才的繁多，而是强调识人的前提作用及其难度。人才既是显在的，又是潜存的，这就要求领导人才善于识人，将人才选拔出来，合理使用。只有正确地识别人才，才有可能正确地选拔和使用人才。作为领导人才应切实掌握科学识人的原则和方法。

1. 确立科学的识人原则

作为领导人才，在把握识人原则方面应坚持以辩证唯物主义和历史唯物主义方法论为指导，着力遵循下列原则：

第一，既观其言又观其行，以行为主。在识别人才时，既要察其言，又要观其行，但主要应该观其行。有的人花言巧语，能说会道，但观其行，发现他或者两面三刀，或者无所作为。相反，有的人虽然不善言辞，但工作勤勤恳恳，且善于动脑筋，长于创造发明，工作有成绩，事业有成就。因此，要把察其言与观其行二者结合起来，综合运用。

第二，既看历史又看现实，以现实为主。为了全面认识和发现人才，考察其历史非常必要。但人是发展的，不仅仅要考察人才的过去，更要特别注意考察其在组织中的现实工作表现。要正确全面识别人才，就要在对人才的过去和现在做全面深入考察的基础上，重点看其现实表现。

第三，既看长处又看短处，以长处为主。在考察识别人才时，对其优点要认识够，对其缺点要认识透。只有这样才能全面、公正地认识人才。在考察人才的长处与短处时，对短处必须给予充分的认识，但同时必须以考察长处为主。如果只注意人才的缺点和错误，甚至对优点和成绩视而不见，就永远挑选不到人才。

以克服个人情感的制约性，弥补领导识才的狭隘性、局限性，同时也使选拔出的人才，特别是领导人才能更广泛地代表群众的利益。应该注意的是，采用这种识人的方法时，要增强有关信息的透明度，使群众了解人才的真实情况；同时还要同实绩考察结合起来，避免偏听或受他人蒙蔽。

考绩法，是通过对考察对象的政绩或业绩作全面的考核，了解一个人的品德优劣和能力大小的一种选拔人才的方法。考察业绩的方法有排列法、比较法、成果对照法、尺度评定法、个人申报法和行为考核法等。考察业绩法的优点是具有一定的客观性，对人才的考察较为综合、全面；缺点是如果考核指标制定不合理，会使组织成员在工作中重形式轻内容、重显绩轻潜绩、重短期轻长期，热衷于政绩工程。因此，运用考绩法，应力求做到核量表设计科学合理、汇总统计认真准确。

（二）科学选人

科学选人是领导人才善于用人的基础。如果选人不当，领导识人就失去了意义；同时领导用人也就失去了坚实的基石。因此，任何领导人才都应重视选人的原则和方法。

1. 确立科学的选人原则

领导人才选人应牢固树立德才兼备、公开竞争、民主选人三大原则。

德才兼备是我国的用人传统。德，是指人的觉悟、道德、作风等品质；才，是指人从事某方面工作所具备的知识和能力。对于德才兼备的标准，既要强调统一，又要有具体的区别。在选拔领导人才时，既要坚持德才兼备，又要坚持以德为先。这是因为一个人的品德是其才能的方向。如果一个普通人在道德上有缺陷，那么他的品德会对其个人能力和行为发生影响，而如果一位领导者在道德品格方面有缺陷，则会影响一个组织。

公开竞争是指在公开平等的条件下，通过竞争择优选用人才。公开、平等、竞争、择优，有利于拓宽识人、选人视野，在更大范围内择优选拔人才；有利于形成正确的用人导向，激发人才的进取精神；有利于扩大用人工作中的民主，加强群众监督，防止和克服在领导用人上的不正之风。

民主选人最能体现民主的本质，也是实施一切民主活动的前提和保障。在选拔领导人才的过程中，必须注重社会公众的意见，把群众满意不满意、拥护不拥护、赞成不赞成作为判断选拔任用人才是否民主和科学的标准。要让群众做评委、让群众当伯乐，切实提高透明度，努力消除神秘感，选拔出真正让群众公认和拥护的领导人才。

2. 综合运用选人方法

选人方法是多元化的，如选举法、委任法、聘任法、推荐法、考试法等，作为领导人才应善于将这些方法综合地运用，提升选人科学化水平。

选举法，即由所属群体的成员选举产生该群体的主要领导人。选举是选任人才的一个最基本、最主要的方式和途径，运用这种选拔制度选拔出来的人有较好的群众基础。运用选举这一选人方式应建立一套科学完善的民主选举程序，避免选举中“程序流于形式”。此外，选举应主要用于对党政领导人才的选拔，而对专业技术人才的选拔就不一定适合。此外，选举是以人民群众参与为主体的选人制度，所以选举人应具备一定的科学文化素质和知识水平，否则难以保障选人的质量。

委任法，即通过调查研究、群众推选、组织人事部门考核，再由上级领导机关任命的选拔人才的方法。委任法是一种比较迅速便捷的人才任用制度。其优点是效率高，使人才能尽快地脱颖而出；缺点是缺少公开性，易受个人能力与认识的局限，容易使一些领导者以权谋私，同时也容易导致被委任者只对上级领导负责而不对工作和群众负责。

聘任法，即用人单位根据工作需要和职务的相应要求，用签合同或发聘书的形式，邀请某些人员在一定时期内担任一定职务或承担一定工作的方法。聘任可分为内聘和外聘。内聘是指从本部门或单位内部聘用人才；外聘是指提出招聘条件，规定应聘工作的职责、权限、待遇，向社会公开招聘人才。聘任制一般是对相对高级或专业人才的选用所使用的制度，能速度快、低成本、高效率地完成选拔过程，它的缺点是容易出现受聘者的短期行为。

推荐法，是指用人部门通过自荐、他荐或群众推荐的方式来选拔人才。推荐法的优点是能够扩大领导者的选人视野，更加广泛地发现和选拔人才；缺点是受推荐者的动机、能力的限制，有时缺失客观性和公正性。

考试法，即由选才机关通过传播媒介公布考试日期、报考条件、考试范围、招考性质，然后根据考试成绩择优录用人才的一种选人制度。考试法能更好地体现“客观、公开、公正、公平”原则，有利于鼓励优秀人才竞争，并有利于避免人才选用上的不正之风。但通过考试选拔人才也有一定的局限性：一是成本较高；二是因考试的机制、程序、制度等方面还不够科学和规范，难免有失准确和公平。此外，仅凭一次考试也难以真正说明一个人的优劣。因此，应将考试法与其他各种选拔方法综合起来运用，争取达到最佳的选拔效果。

（三）科学用人

科学用人是领导人才善于用人的关键。识别人才、选拔人才归根到底是为了使用人才。人才的使用是整个领导用人活动的出发点和归宿，同时又是领导活动的重中之重。因为领导活动中的一切都是由人来做的，领导用人是否科学，影响着领导活动的一切过程、结果。对此，被誉为现代管理学之父的美国学者彼得·德鲁克曾说，没有任何一项决策像人事决策那样影响深远和难以改变。可见，正确用人十分关键，作为领导人才应切实把握有效用人的方法。

1. 扬长避短、量才用人

首先，用当其长。对其中的道理，清代诗人顾嗣协在其《杂兴》一诗中表达得十分透彻：“骏马能历险，犁田不如牛。坚车能载重，渡河不如舟。舍长以就短，智者难为谋。生材贵适用，慎勿多苛求。”对人才的使用，要力争用当其才。本来是一个人才，如果用得不是地方，就会使之成为“庸才”“蠢材”。为此，领导者应该用心分析人才的特点和长处，绝对不能用非所长、勉为其难。

其次，量才使用。坚持把人才安排到最能发挥他才能的适合的工作岗位上，实现人与事的最佳匹配。由于不同的人在学识、专业、经历、品德、志向、智力、体质、性格等方面存在很大的差异，要想使每个人都最大限度地发挥积极作用，就要尽可能将其安排在最适合于他的岗位上。只有这样，才能避免用非所长、用非所学、用非所好、用非所愿等不合理的用人现象，做到用人所长、用人所愿、专才专用、偏才偏用、大材大用、小材小用，实现人尽其才、才尽其用。

最后，短中见长。不知人短中之长，就不能做到知人善任。在这方面，宋太祖赵匡胤用讷言之臣巧对善辩的徐铉很有启示意义。南唐著名的才子徐铉出使宋朝，宋朝宰相对派谁来应付他而发愁。宋太祖却自有主张，他召来了口舌笨拙又不识字的马军都指挥使党进，向他交代礼貌接待徐铉。结果一连七八日徐铉从党进口中什么消息也没得到，只好灰溜溜地回了江南。赵匡胤的智慧在于，应对高明的对手，不是找与对方水平相当的人，而是找一个与之根本毫无交集的人，让对方感到无用武之力、使不上劲儿。当然，这种奇怪的选择后面，是大宋的实力在说话。这种“短中见长”，需要“伯乐”的慧眼。如果领导者能用人之长，容人之短，就会把各种各样的人才组织成结构合理的群体“全才”。

2. 用人不疑、疑人不用

用人不疑、疑人不用的核心是信任。只有信任才有力量，才能调动下级的积极性。上级对下级有多少信任，下级就能发挥出多少主观能动性。因为领导者只有充分信任下级，放手让下级去干，才能使下级领知遇之情、提携之功，充分发挥自己的聪明才智，干好工作。反之，领导者既要用人，又怀疑人的能力和人品，就会使下属心存顾虑，致使其既不能也不敢放手工作，甚至与领导者分庭抗礼，从而影响组织的和谐和稳定。明朝末年的崇祯皇帝就是这方面的一个典型例子。他对大臣总是疑神疑鬼，在位 17 年换了 42 个宰相，还说什么文臣个个可杀。他对武将也不信任，常派太监到军队里去做监军，又派细作到武将身边做仆人，并依据监军、细作打的“小报告”来处理人和事，以致连袁崇焕那样忠勇爱国之人也死在他的疑心上。最终崇祯皇帝落了个众叛亲离、被迫吊死在煤山的下场。

但值得注意的是，用人不疑、疑人不用的理念或做法是建立在人性本善的理论基础上的，这是一种理想追求的状态。事实上，人性是复杂多变的，如果将用人不疑、疑人不用绝对化就会陷入认识的误区。在领导用人的实践中，用人也疑、疑人也用的情况也是存在的。在这种情况下，一定要强化人才使用的管理和监督，从而实现领导用人的科学化。

3. 用当其时、用当其位

用当其时、用当其位，简单地说就是在合适的时间、合适的位置使用合适的人才。用当其时包括时期、时机、时刻三个层次：一是对人才的使用要掌握恰当时期，体现为人才在其精力充沛、才华横溢、状态最好的阶段得到最充分的使用；二是对人才的使用要抓住最佳时机，能从全局态势的发展变化出发，选择适于担当重任的人才，从而使自己取得决胜全局的主动权；三是对人才的使用要抓住最佳时刻，这就是用当其愿。

与此同时，对人才的使用还应坚持用当其位。只有将人才放在能够充分施展其才能的最佳位置上，才能获得最佳经济效益和社会效益。要能做到用当其位，需注意三点：一是将人才的能力水平与岗位要求相对应，既不大材小用，也不小材大用；二是使“个体素质”和“整体素质”相吻合，这样才能组成“最佳群体素质结构”，使其才能得以充分施展；三是使人才的“成长轨迹”与“成材目标”相一致，即根据人才的德才水平和个体素质，结合其兴趣、爱好和专业特长，为其确定明确的成材目标，助推人才成长和成熟。

4. 合理授权、适度控制

合理授权，一方面可以减轻领导者的工作压力，将有限的精力用到大政方针的谋划和重大问题的处理上；另一方面，还可以更加充分地调动人才的积极性。领导者在领导活动中的主要职能，是组织发展方向的设计和谋划，一些具体的工作应合理授权，交由下属去实施。如果领导者事无巨细、事必躬亲，就会使自己无法集中精力抓大事，同时也会造就出一批无能的下属。

5. 科学搭配、优势互补

任何人都是有缺陷的。领导者要想实现科学领导、提高领导效能，在选用人才上不仅要注意个人的基本素质，还要重视群体的素质，努力实现人才搭配科学化，在人才队伍表现为年龄结构合理、气质结构协调、知识结构互补。

6. 合理流动、动态优化

人才的合理流动有利于增强人才活力，形成人才优势效应，进而克服因循守旧、安于现状的心理和行为。强调人才合理流动，坚持人才流动的正确性、计划性、双向性和动态性，要符合事业的发展需要，确保人才流动产生最佳效果。注意克服人才流动专业跨度过大、流动过于频繁等问题。

（四）科学育人

科学育人是领导人才善于用人的保证。《汉书·李寻传》中有言：“马不伏枥，不可以趋道；士不素养，不可以重国。”这就是说，如同马要驯养才可以上路一样，有能力的人要有平日的育养才能为国家发挥重大作用。从领导学的角度来说，就是人才是需要培养的。这不单是物质上的“养育”，更重要的是思想上、才能上的培育。人才的使用有一个才能输出和输入的过程。任何一个系统，如果只有输出而没有输入，那么这个系统就无法维持，就会丧失应有的功能。同理，只注重用人，而轻视培养，无异于竭泽而渔。因而，为了使人才保持和提升报效民族和国家的才能，每一个领导人才都应重视育人，把育人作为用人的根本保证，认真思考科学育人的途径。

1. 根据时代需要确定育人目标

人才是时代的产物，不同时代的形势和任务造就不同类型的人才。时代不断向前发展又不断地呼唤和催生新型人才的涌现。各个领域的人才特别是杰出人才都为各个时代的发展稳定作出巨大贡献，成为各个时期的引领者和开创者。邓小平曾指出：“我们不是没有人才，问题是能不能很好地把他们组织和使用起来，把他们的积极性调动起来，发挥他们的专长。”为此，领导者要善于根据时代改革要求，具体规划组织目标，以此激励人们奋发努力，使大批改革型人才涌现出来。

2. 多渠道培训人才

人才培养是领导活动中的一项常规性工作，应本着“因人制宜、因地制宜，缺什么补什么”的原则，大力拓展培训渠道，突出做好以下三点：

一是安排到院校进修培训。这种方法可以使被培训者掌握系统而新鲜的知识和技能。这种方式主要适合那些积累了丰富的经验，有能力、有业绩、有前途，但受教育不系统、知识水平不高以及知识需要更新的领导人才。

二是大力推动多岗位历练。可采取基层挂职锻炼、岗位轮换、易地任职等办法培养锻炼人才，使其更加广泛地接触实际，积累实践经验。此方式适合在理论和实际结合方面存在欠缺的人才，尤其适合经过了系统学习但实践经验不足的中青年人才。

三是鼓励参加社会交往。领导者应为人才成长创造更多的参加研讨会、学术会、交易会的机会，引导人才开展社会咨询、社会调查、访问考察等，从而使其开阔视野、了解社会、增长才干。

3. 创造良好的人才成长环境

从时代发展的角度来看，领导者在用人问题上的主要任务，不仅在于如何正确识别、选拔、使用和开发人才，更重要的是要在全社会树立一种尊重知识、尊重人才的风尚，营造一个鼓励人才脱颖而出和适合人才成长的环境。为此，应在舆论上形成尊重人才、爱惜人才的导向；在组织上要对取得实绩者给予各种鼓励和充分肯定；在物质上要为各类人才提供相应的条件，特别是要为那些有突出才能并作出突出贡献的人才提供较好的工作、学习和生活条件；在体制机制上要建立民主开放、法制完备、平等竞争、充满活力的选拔任用机制，使领导用人由“人治”转向“法治”，保证优秀人才脱颖而出。

三、善于协调

领导人才所从事的工作往往与组织、社会密切关联，接触人、领导下属、协调关系、化解矛盾、统一思想等方面的工作内容较为突出，因而其协调各方的能力显得十分重要。

领导协调是领导的基本职能，也是领导职能中极为重要的职能，更是衡量领导水平的重要标尺。领导协调的作用就在于减少内耗、提高效

果不佳。因为上级领导者需要和更多的下属人员交往，他若与个别下属人员交往过密，就会影响他与其他人的正常关系。此外，与上级领导者在物质上的交往或无原则的交往过多，也会使上级领导有一种受制于人的感觉，这样反而不利于上下级关系的协调。因此，作为下属、副职，既要从正常的工作角度出发，注重在心理、思想上与上级领导保持经常的接触，进行深层次的沟通，又要在形式上保持一定的距离，特别是在物质沟通上要慎重，避免人际关系的庸俗化。

三是不激化矛盾。上下级、正副职之间产生矛盾的事情是经常发生的，这也是十分正常的。但是，当与上级、正职产生矛盾时，作为下属、副职应该采取有限的忍让与合理的争辩相结合的处理方式。忍让是为了不激化矛盾，适当的忍让，可以使矛盾双方都冷静下来，从而有益于问题的解决。但是，"忍"是为了问题的解决，而不是解决问题的目的。如果面对矛盾一味地"忍"，会让上级、正职认为，下属、副职真的有问题，而对自己的责任和错误不以为然。长此以往，会形成一种不健康、不正常的上下级关系。因此，双方冷静下来之后，还要通过适度的"争"去解决问题。所谓适度的"争"，是指"争"要有理、有利、有节。有理，是指确实争得有道理，否则会让人感到不可理喻；有利，是指要看最终能否解决问题，如果不能解决问题，仅能出口气，就不要去争，因为出口气绝不是"争"的目的；有节，是指在与上级、正职争辩的过程中要有节制，留有余地，不要咄咄逼人，否则不仅不利于问题的解决，反而会破坏上下级关系。

2. 工作到位不越位

由于人的个性、工作性质或空间距离的限制，不是每个人都能够有条件经常同上级、正职进行心理、思想、感情上的沟通。因此，对于大多数人来说，通过工作业绩获得上级、正职或有关部门及领导者的信任和支持，是一个非常重要的途径。但通过工作业绩获得上级、正职的认同与支持，要做到以下两点。

其一，尽职尽责。主要把握好七个方面的问题：一是要有很强的事业心、责任感，主动、积极、创造性地做好工作，并取得出色的业绩；二是对不切实际情况的上级指示，要从有利于事情的发展出发，积极向上级或正职反映情况，争取得到支持；三是对领导者临时交办的任务，一旦承担下来，就要尽职尽力做好，让上级或正职既感到对他工作的支持，同时又看到你的综合素质；四是在工作目标不清、职责权限不明的情况下，要及时请示上级、正职，弄明白具体情况之后再完成工作；五是在遇到超出自己职责范围的问题时，要及时请示、报告，并提出建议，供上级、正职参考；六是对工作进度和问题定期汇报，以便让领导者及时了解情况，并给予必要的指示和支持；七是在工作中出现差错、过失时，勇于承担责任，不推卸责任，尽量不激化矛盾。

其二，避免越位。越位是指下属、副职超越自己的职责范围，做了一些上级、正职职权内的事。越位是一种侵权行为，不但会影响领导活动的正常秩序，而且容易引起上级或正职对下级、副职的猜忌和误会，会极大地影响上下级关系。下级、副职的越位现象主要有以下四种情况，应引起足够的注意：一是决策越位。任何决策都是有权限层次的，如果下级、副职做了该由上级、正职进行决策的事，就叫作决策越位或擅权。二是表态越位。在工作中，对某个问题谁表态，是有一定规范的。有些问题该由上级、正职表态，如果下级、副职未请示就自行表态，就被称为表态的越位。三是工作越位。在领导活动中，每一个人都应该积极主动地工作，但有的工作是该由上级、正职出面去做的，却被下级、副职抢着去做了，就造成工作上的越位。四是场合越位。在一些公务场合中，上级和下级、正职和副职，出场或不出场，居于什么位置，都有规范的礼仪要求。下级、副职如果抢了上级、正职的位置或者张罗过欢、表现过度，就会喧宾夺主，致使上级、正职陷入被动尴尬的处境，从而影响上下级关系。

3. 善于进言

一个在上级、正职面前总是提不出什么工作思路和看法的人，是不会受到上级、正职重视的；一个人经常在上级、正职面前谈思路谈看法，但其思路和看法往往不切实、不准确，也不会得到上级、正职的重视。因此善于进言，是协调好与上级、正职的关系，得到其重视和支持的重要方面。

善于进言的最高境界，是能将自己的工作思路和看法被上级、正职采纳，并变为上级、正职的工作思路和看法。为了达到这一点，作为下级、副职应在以下七个方面用力：一是勤于思考，善于总结；二是反复研究推敲自己的意见，使之具有科学性、可行性、价值性；三是选择向上级、正职提建议的适当时间、地点和场合；四是提出的建议应不止一种方案，给上级、正职选择的余地，不致使其产生有“逼宫”的嫌疑；五是点明问题的利害关系，增强上级、正职对所谈问题重要性的认识和紧迫感；六是语言简明，逻辑性强；七是态度端正，让人信服。

（二）平行协调

平行协调主要是指正式组织中同级部门之间、同一职级成员之间以及同级工作人员之间关系的协调。平行协调也可称为横向协调。组织是一个由多个部门、多个组织成员组成的有机整体。组织的整体目标要靠各个部门、所有成员的共同努力才能得以实现。平行协调能够消除内耗、减少矛盾、促进团结，使组织整体功能得到最大限度的发挥，是组织目标得以高效实现的重要保证。在实践中应重点把握好以下两点：

1. 相互尊重

在一个组织或群体中，同级组织成员都是分工合作的同事，只有尊重别人、平等相待，才会有融洽和谐的同事关系。尊重别人，既是增进友谊和团结的需要，也是个人修养的体现。同级组织成员之间的相互尊重主要在于三个方面：

一是尊重他人的人格。充分尊重别人的人格与尊严，不散布有损他人人格的言论，不做有损他人形象的事情。一旦有悖于此，可能自己痛快一时，但却埋下不团结的祸根。因为一旦一个人有意损害别人时，别人为了维护自己的尊严，也会反过来损害你的形象或利益，结果别人受损的程度也是你自身受损的程度，甚至程度会更加严重。

二是尊重他人的意见。一个人的认识水平是有限的，在考虑问题时，再有能力水平的人也难免有考虑不周的地方。在工作中，为了尽可能地减少损失与失误，对于自己分管的工作，应该注意多与其他同事商讨、交流，积极主动地征询意见，采纳他们的合理建议，欢迎并接受同事对自己所辖工作的有益批评。切忌把自己分管的工作视为自己的领地，容不得别人插手，听不得别人的意见。

三是尊重他人的劳动。事业的成功是同事们共同努力的结果，对于其他同事的劳动，绝不能熟视无睹，甚至据为己有。在自己取得工作成绩时，不能把功劳都记在自己的头上，应看到其他同事的贡献，尊重他人的劳动成果。只有这样，才能得到同事的关心和帮助，工作中才能取得更大成绩。

2. 团结协作

在一个集体中，每一个人都根据各自分工，为一个共同目标努力。但作为个人，要做好自己的本职工作，不仅需要自己的努力，同时还需要成员之间的相互支持和帮助。即使再聪明智慧的人，一旦脱离了群体的合作与帮助，也终将一事无成。只有归属群体，才能使自己的工作能力得到更充分的发挥，人生价值得到更充分的体现，也才能创造出更突出的业绩。加强与同级组织成员之间的团结协作应注意以下三个问题。

第一，善于合作。同级之间要做到分工不分家、支持不拆台。分工是人们从事各种不同而又相互联系的社会化劳动的一种需要，没有分工就构不成有序的工作环境，分不出工作的优劣。只有科学地分工，明确规定个人的工作职责与工作程序，才能做到事事有人管、人人有专责，才能充分发挥个人的积极性。但是，每个人分工负责的工作，都是集体工作的组成部分，只有大家通力合作，使各自力量达到最大化并合理叠加产生一种新的合力，才能达成目标。

第二，适度竞争。同级之间既是天然的“合作者”，又是潜在的“竞争者”。这种微妙复杂的关系是一种客观存在，这也正是同级之间关系难以相处的症结。因此，同级之间不可能一味合作，没有竞争。合作与竞争，是同级关系中不可分割的两个方面。合作中有竞争，竞争中有合作。应辩证地对待合作与竞争，对同级既要热情合作，又要敢于竞争。但是，这种竞争应该是积极、健康的。一方面要依靠自己的不懈努力创造全优工作，以竞争来不断激励自己；另一方面，竞争中既要自觉地向强者学习，又要热情地帮助暂时落后的同级。在和同级的竞争中要做到，领先时不自满，落后时不自馁，一如既往地积极进取。只有在共同奋斗中，在学习、工作和为国家人民做贡献上开展竞争，为别人的进步成长提供条件和帮助，衷心鼓励别人，不嫉贤妒能、不设置障碍、不争名争利，才能赢得同级的尊敬。

第三，善解矛盾。同级间发生矛盾，要帮助调节，不能袖手旁观，更不能挑拨离间、制造矛盾。需要注意的是，同级之间要经常交流思想、沟通情况，才能彼此了解、相互信任，将一切不必要的误会和摩擦消灭在萌芽中。良好的同级关系，是每个人工作、学习、生活顺利而又愉快的重要环境条件，领导者应为建立团结向上的群体关系作出努力，积极主动化解各种矛盾，以正直、守信、诚实、信任为沟通桥梁，切实建立团结共事的同级关系；反之，如果弄虚作假、尔虞我诈，在同级之间要权术、玩心眼，必然会制造或激化矛盾，伤害同级之间的感情，影响协作共事。

（三）下行协调

下行协调是指上级领导者与被领导者或下属的协调，以及事实上存在制约关系的“上”对“下”的协调。例如，领导班子中的正职与副职、组织链条中居“上端”的组织及其领导者与组织链条中居“下端”的部门其领导者之间关系的协调。被领导者、下属、副职以及组织链条中居于下端的工作人员是领导活动的基础。搞好下行协调，有助于消除矛盾与隔阂，增强上下级以及组织成员之间的相互信任与理解；有助于加深上下级以及组织成员之间的情感联系，增强组织成员的归属感；有助于化解矛盾，减少内耗，增强组织的凝聚力；有助于提高领导者的影响力和感召力，提高组织整体合力，更好地实现组织的愿景。作为领导人才，做好下行协调应注重以下四点。

1. 尊重人

“自尊”之心人皆有之，这是人的心理规律。领导者只有真正懂得尊重，爱护自己的下级，维护其自尊心，激发其上进心，做他们的“知己”，与他们平等、真心相待，才能得到下属的理解、支持、尊重和爱戴。如果上级对下级不尊重，甚至视如“草芥”，下级就会对上级如同“陌路”。上级冷落、歧视、训斥下级，下级就会从内心轻蔑上级。领导者不尊重下级、不礼贤下士，就得不到下属或副职发自内心的认同和服从，即使表面服从，也不可能在工作中真正尽心尽力。更为重要的是，领导者对下属的尊重不是表面上的客气，也不是交际场上的虚伪应酬，而应是发自内心的尊重。

2. 处事公

在领导活动中，同事之间、上下级之间以及领导班子内部难免会产生一些矛盾和纷争。在矛盾面前，倾向一方、责难一方、火上浇油、“坐山观虎斗”，都不是领导者所应采取的态度和方法。领导者应像诸葛亮所说的：“吾心如秤，不能为人作轻重。”意思是说，要公平如秤，一视同仁，不以亲疏爱憎为转移。用今天的话说就是要“一碗水端平”。领导者如果不注意“一碗水端平”，缺乏冷静分析，感情用事，凭借自己的好恶支持一方或压制一方，就会卷入具体矛盾与争论的旋涡中不能自拔，这样就会使原已复杂的人事关系变得更加复杂，而且还会妨碍领导者本人与矛盾双方之间的团结，降低领导的威信，发展下去还会形成帮派体系，导致种种不测事件发生。

3. 职责明

在正式组织中，处理好上下级、正副职之间的工作关系尤其重要。有的领导者在工作中事无巨细、事必躬亲、大权独揽、不给下级和副职任何机会，久而久之，下级和副职不但没有了工作积极性，反而因为被剥夺了实现人生价值的机会而对领导者心生怨恨。一个人的精力和能力是有限的，事必躬亲的领导者难免会出现工作的疏漏，下级和副职会因此对领导者产生轻视和不信任。还有的领导者庸庸碌碌、无所作为、在其位不谋其政。这样的领导者同样不会得到下级和副职的尊重和信任，其领导的组织也必然会矛盾丛生，变成一盘散沙，缺乏向心力和凝聚力。因而，作为上级领导者应该善于处理好与下级和副职之间的职责关系，把握好两个基本原则：一是凡是下级和副职能干的事情应充分授权，给予其实现自身价值、建功立业的机会，充分调动他们的工作积极性、主动性和创造性；二是凡是下级和副职难以完成的事情，诸如谋划战略、制定政策、攻坚克难的事情，上级领导者都应高度重视，甚至亲力亲为。这样才能得到下级的尊重、爱戴以及发自内心的认同。

4. 通权变

由于人生经历、教育背景、工作经验及个性的不同，下级的工作能力、觉悟往往都有着很大的区别。因此，对待不同的下级，领导者应采取不同的协调方法。例如，对于有些既无觉悟又无能力的下级，应当采取低关系、高工作、命令式的领导方法；对于有一些觉悟，但工作能力较差的下级，应当采取高工作、高关系、说服式的领导方法；对于那些有能力，但未必有工作积极性的下级，应当采取高关系、低工作、参与式的领导方法；对于既有觉悟又有能力的下级，应当采取低关系、低工作、授权式的领导方法。总之，针对下级的不同情况采取不同的协调方法，做到通达权变，是领导者处理好对下关系的有效手段。

四、善于落实

古人云："天下大事，虑之贵详，行之贵力。"其中的虑，就是决策；行，就是落实。这就是说，决策固然很重要，但再正确的、再重要的决策，如果没有落实，也只能是美好的设想，即"一分部署，九分落实"。习近平对此曾强调指出，"抓落实是领导工作中一个极为重要的环节"。实践证明，领导工作所取得的每一项进展都是善抓落实的结果。抓落实既是领导者的工作作风、领导责任、思想境界，更是一种能力和水平。因此，作为领导人才应在抓落实上下一番功夫。

从领导生态学的角度来讲，"落实"可以看作一个由落实主体、客体、手段、结果等要素相互联系相互作用的系统。因而它不是孤立、静止的，而是需要领导者采取联系、全面、动态的观点来看待各个要素，从而真正抓好任务落实工作。

（一）明确任务

明确任务是抓好落实的前提。马克思主义认识论指出，实践是认识的基础并对认识起决定性作用，而认识对实践具有能动的反作用，正确的认识推进实践的正确发展。因此，要想抓好落实工作，必须把握好任务对落实工作的影响。

完成任务是抓落实工作的主要内容。对于执行者来说，完成任务既要勇于承担责任，同时也要拥有一定的权力，这是完成工作任务不可缺少的两个基本要素。不可能只拥有执行任务所被赋予的权力而不需要承担相应的责任。明确的任务蕴含明确的执行权力与明确的责任主体。一般认为，执行者对于任务的具体执行过程和结果负有首要责任，上级领导负有监督指导责任。明确任务就要求领导者在布置工作、安排任务时努力做好两点。

第一，任务内容应以书面的形式存在。这是因为运用书面形式将任务固定下来可以使其具有明确性、正式性、权威性的特征，成为一种硬性的规定。这样，无论是对领导者抓落实还是执行者实施落实，都具有明确的指导意义，从而可以在很大程度上避免“横看成岭侧成峰，远近高低各不同”的现象。如果任务的下达传递采取的是口头等非正式形式，就会带来诸多问题，比如传递过程中的信息失真、刻意的信息过滤等，更严重的还会带来责任内容与主体的模糊，一旦出现问题，任务指派不明将成为逃避责任的重要托词。

第二，任务安排应内容明确、条理清晰。书面形式化的任务布置应做到内容明确、条理清晰、语言准确，尤其在涉及数量、时间等需要定量性描述时更应如此。如果做不到这一点，执行者与领导者之间可能会在具体操作上出现理解偏差。因此领导者布置工作任务时一定应是明确的、统一的，切忌模棱两可，不能让执行者自我揣摩。因此，在语言的表述上一定要准确，尽量不要使用“大概”“应该”等词语，涉及数字时一定要精确。

（二）关注重点

抓好落实的关键是抓住主要矛盾。矛盾分析法告诉我们，矛盾具有层次性，有主要矛盾和次要矛盾之分，有矛盾的主要方面和次要方面之分。往往主要矛盾的主要方面对事物的性质起着决定性的作用。作为领导者应坚持两点论和重点论的统一，既要全面地抓问题，又要善于抓中心、抓关键。毛泽东在《矛盾论》中指出，“凡事要学会抓住主要矛盾，切勿胡子眉毛一把抓”。俗语讲的“牵牛要牵牛鼻子”说的也是这个道理。抓落实这项工作存在三大基本矛盾关系：领导者与任务结果之间的、执行者与任务结果之间的以及领导者与执行者之间的。由此不难看出，领导者与执行者之间的矛盾关系是主要矛盾，领导者又是矛盾的主要方面。可见，抓好落实的关键在于领导者。因此领导者应力求做好以下五点。

一是以身作则抓落实。真抓实干是领导者责任心、事业心的最好体现。领导者的表率作用在抓落实中起着举足轻重的作用。可以说，领导者能否以身作则、身先士卒抓落实，是考验其驾驭全局能力和水平的试金石。因此，领导者应带头抓落实，绝不搞各种自欺欺人的形式主义。努力做到率先垂范、靠前指挥，带动全员上前，抓一项成一项，干一件成一件。

二是强化责任抓落实。责任就是对待工作和事业不讲任何条件地主动做好分内之事。领导者责任心越强，其执行力、竞争力也就越强。抓工作落实是领导者的天职。作为领导者，应自觉强化抓工作落实的责任意识，要有舍我其谁的担当和敢打必胜的信心。一个有责任心的领导者应是：事未成，心难安；日思之，夜忧之。时刻清楚自己的责任是什么，知道自己该干什么、怎么干、干到什么程度，真正做到敢负责、真负责、会负责，敢干事、真干事、会干事、干成事。

三是知难而进抓落实。古人讲：“为官避事平生耻。”林则徐也曾说：“苟利国家生死以，岂因祸福趋避之。”这是领导者抓工作落实应有的非凡气度。面对抓工作落实遇到的难题，作为领导者应有事不避难、奋勇向前、只争朝夕的境界，以逢山开路、遇水架桥的精神和明知山有虎、偏向虎山行的劲头面对各种执行难题。在矛盾面前坚持敢闯敢试、敢抓敢管，敢揽硬活、敢说硬话、敢啃硬骨头，推动各项工作有效落实。

四是严督勤查抓落实。严督勤查是推进工作落实的有效手段。事实表明，工作只有部署没督查，领导成效就会大打折扣。因此，推进工作落实应完善督促检查制度，使督查工作制度化、常态化，加大抓落实的公开化和透明度。做到每项措施、每个项目都有方案、有要求、有载体，明确责任主体、明确时间进度，一项一项细分解、一件一件抓落实。对自己分管负责的工作进行到什么程度、哪些还没有做、哪些做得还不够、完成的成效怎么样，应有汇报、有检查、有讲评。坚持谁的工作谁负责，对工作落实抓与不抓、抓多抓少、干好干坏要区分对待，对埋头苦干、狠抓落实的应给予褒奖，对只会空谈、不干实事的应给予教育或调整，对因弄虚作假、失职渎职而造成重大损失和严重后果的应坚决给予问责和惩处。

五是持之以恒抓落实。抓落实，贵在持之以恒，也难在持之以恒。实践中存在工作落实成效不佳的问题，往往与领导者没有经常抓、反复抓、持久抓有关。如果工作落实抓一阵、松一阵，热一阵、冷一阵，不能一抓到底，就难以落实到位。抓落实，应防止虎头蛇尾。一旦目标确定、任务明确，就应找准关节点、选准突破口，集中时间、集中力量予以重点推进，以咬定青山不放松、不达目的誓不休的精神状态完成组织的工作部署。

（三）完善制度

完善工作制度是抓好落实的保证。控制论认为，事物总是处于一个不断变化的动态过程中，要想实现其良性发展就必须加强控制，做到时时监控、及时反馈、迅速调整。从这个意义上讲，在抓落实这件事情上领导者的作用是有限的，不能全天候、无死角地去抓落实。在这种情况下，完备的考核机制就显得非常重要。完善工作落实考核制度，提高工作落实制度化水平已经成为领导者抓好落实的根本保证。领导者抓工作落实，不能是讲起来头头是道，而做起来杂乱无章，应在建立健全工作考核制度上做文章，进而保证工作落到实处。这就需要对执行者的执行力进行系统全面的考核：执行前对其落实任务的领会力、预测力、计划力进行考核；执行中对其落实任务的服从力、组织力、创新力进行考核；执行后彰显组织对执行者的评估力、调整力和问责力。切实构建一个相互关联、彼此支撑的提升执行能力的考核系统，并将考核的结果有效地运用起来。

C H A P T E R 0 5

第五章

领导人才思维论

科学的思维是领导人才成功之本。领导人才的思维格局是领导活动中极为关键的初始要素，它影响着领导决策的视角、空间和思路。由此，恩格斯说:“一个民族要想站在科学的最高峰，就一刻也不能没有理论思维。”具体到领导人才身上，一个领导人才要想站在伟大实践的最高峰，就一刻也不能没有理论思维。领导人才是领导他人干事创业的先行者，是一个地方、一个部门的决策者和管理者，其思维水平的高低直接影响着决策和管理水平。

如今，在实现中华民族伟大复兴中国梦的征程上，领导人才应更加重视领导思维的培育和锻造。习近平在庆祝中国共产党成立 95 周年大会上强调指出，各级领导干部要加快知识更新、加强实践锻炼，使专业素养和工作能力跟上时代节拍，避免少知而迷、无知而乱，努力成为做好工作的行家里手。要避免出现少知而迷、无知而乱的问题，作为领导人才要在提升思维品质上下功夫，努力掌握思维知识，积极探索思维规律，着力追求思维绩效，推进领导活动有效开展。在这一过程中，尤其应强化战略思维、系统思维、辩证思维、创新思维和法治思维这“五大思维”的培育，进而做到与时消息、与时俱进、与时偕行，实现科学有效的领导。

一、培育恢宏高远的战略思维

战略思维是领导人才必备的思维品质。古人云："不谋万世者，不足谋一时；不谋全局者，不足谋一域。"这句话讲的就是战略思维的重要性。而要具备战略思维，领导人才就要有"登泰山而小天下"的气度、"纳百川而成大海"的胸襟，对大局了然于胸、对大势一望既知、对大事从容不迫，只有这样，才能因势而谋、应势而动、顺势而为、造势而起、乘势而上。

（一）明确战略思维的要义

1. 战略思维的内涵

"战略"最早是一个军事术语，产生于人类的军事斗争实践中。随着社会生活的变化，"战略"一词被应用到公共管理当中。在西方，大约公元前 5 世纪，希腊语里就出现了"战略"这个词，意思是领兵打仗之术。在我国，公元 3 世纪末西晋历史学家司马彪就写了一本书叫《战略》，是最早直接以"战略"为书名研究战争作战来谋略问题的。可以说，"战略"一词人们长期运用，也都大意相同，但人们一直没有对它的内涵和外延作出明确的界定。直到 19 世纪初叶，德国近代军事学家、被誉为西方"兵圣"的克劳塞维茨在他的名著《战争论》中，才对战略做了确切的定义，即"为了达到战争目的而对战斗的应用"。显然，这个定义是针对战争而言的，它是基于实现战争目的而对战争全局的筹划和指挥。

随着社会不断发展，特别是人类进入 20 世纪，世界大战的复杂程度远非以往局部战争可比，政治、经济、科技、文化和精神等因素对战争的渗透越来越深、影响越来越大，这些变化促使人们重新思考战略问题，西方战略理论中相继提出了超越军事战略之上的"大战略""国家战略""全球战略"等词汇。随之"战略"一词及其军事含义被泛化到政治、经济等社会生产生活的各个领域之中，战略的内涵也随着其应用领域的不断延伸而变得越来越广泛。

一般情况下，战略是与策略相对的，泛指对具有全局性、长远性、根本性问题的筹划和指导。战略思维，就是指分析和解决具有全局性、长远性和根本性的战略问题所运用的思考方式、方法。战略思维是各级领导人才，都必须具备的一项基本能力。

2. 战略思维的维度特征

战略思维是全局性、长远性和根本性问题的思考。全局性体现战略思维的宽度，长远性体现战略思维的长度，根本性体现战略思维的高度，从而形成战略思维的立体结构，体现了战略思维的时空。因此，战略思维的维度特征主要有三个。

一是战略思维的宽度。战略的宽度讲的是全局性。全局性，讲的是自觉从全局看问题，把工作放到全局上思考，即国家好、民族好，个人才会好。全局不好，局部受损，所以要顾全大局、服从大局、服务大局。然而，抓全局不能不顾及局部，没有局部的全局是空的全局，但是只重局部就会失去全局视野，如何把握全局与局部关系就成为战略概念形成的方法论依据。这就意味着，一方面，战略总是立足于全局的。否则，战略就不成其为战略。另一方面，全局绝不是孤立的、空泛的、离开局部的，而是与局部保持特定关系的。战略思维的展开，体现为全局与局部的整体性结构。把握好全局与局部关系的基本内涵和基本关系，是提高战略思维能力的关键所在。

二是战略思维的长度。战略思维的长度讲的是时间维度，即基于现在看未来的战略预见性。眼光的长远与否直接决定了领导者战略思维的高度，看得远才能走得远。什么叫看得远？常言道：“比别人多看出一步是高人，多看出十步是哲人，多看出百步是伟人。”比别人看得远，就要立足当前、着眼长远。战略总是对未来的安排或导向，同时又是基于现在而朝向未来的。战略思维在时间维度上具有不可逆性，所以才有“机不可失、失不再来”的说法。时间维度的另一特殊性是不确定性。时间是最无情的，在某一个时间点上比较确定的战略要素，随着时间的推移，经常会变得不确定。这种不确定性给战略思维提出了特殊的挑战，也对人的能动性提出了更高的要求。

三是战略思维的高度。战略思维的高度讲的是战略思维的目的，也是战略思维的效能。任何一个具体的战略，都要有特定的目的与手段，建立目的与手段之间的效能关系。在战略思维中，效能性就是通过目的和手段的优化，以及其关系的优化体现出来。当代一些战略家，如美国陆军学院的阿瑟·莱克上将甚至直接把战略概括为：战略 = 目的 + 途径 + 手段。认识战略思维具有目的与手段的效用结构，对于提高战略意识和战略思维的水平，具有基础性的意义。

3. 战略思维的基本要求

战略思维的三个维度特征决定了领导人才战略思维的基本要求应是着眼全局、科学预见、把握重点三个方面。

其一，着眼全局。

所谓着眼全局，就是要求把观察和处理问题的出发点和落脚点放在全局上，把局部问题放在整体之中予以思考。

战略思维的切入点是从大看小。大就是系统、全局，小就是要素、局部。从大看小就是要放眼全局、站在全局的高度去看待全局与局部、局部与局部的关系。毛泽东在《关于战争的战略问题》中指出：“指挥全局的人，最要紧的，是把自己的注意力摆在照顾战争的全局上面。”“任何一级首长，应当把自己的注意力的重心，放在那些对于他所指挥的全局来说最重要最有决定意义的问题上或动作上，而不应当放在其他问题或动作上。”[①]管理学中有一种说法，叫“细节决定成败”。这句话能否成立，依赖一个前提，就是战略是否正确，如果战略出现失误，细节就没有“决定”意义。有人说，“与战略无关的细节是陷阱，与细节无关的战略是圈套”。这种表述可能有些过激，但却从侧面表明战略思维对着眼全局的重要性。

要做到着眼大局，首先必须胸怀广阔。邓小平指出：“最重要的问题是胸襟开阔。要从大局看问题，放眼世界，也放眼当前，放眼一切方面。”[②]没有广阔的胸怀，就没有宏大的视野。如何做到着眼大局？2016年1月，在中央政治局会议上习近平指出，要增强政治意识、大局意识、核心意识、看齐意识，自觉在思想上、政治上、行动上与党中央保持高度一致。领导干部要增强大局意识，就要时刻做到正确认识大局，自觉服从大局，坚决维护大局，确保中央决策部署落地生根。

其二，科学预见。

“凡事预则立、不预则废。”预见性是战略思维的一个重要特征。具有战略思维的领导人才，就像一个下棋的高手，每下一步棋，都要想到后面两三步的棋，而不是脚踩西瓜皮，滑到哪里是哪里。也就是说，他的本事在于“做一看二想三”。毛泽东在中国共产党的七大上说过这样一段发人深思的话，“预见就是预先看到前途趋向，如果没有预见，叫不叫领导？我说不叫领导。如果要等到某一重大战略问题表现得很突出时才去热切关注，而在其潜伏期、初始期没有充分的准备，一般是无法掌握主动权的”。

战略思维的过程都属于对未来的思考，都是预想的东西。没有科学预见，就没有战略思维。那么，作为领导人才需要预见什么？首先，要预见

① 毛泽东选集：第1卷［M］. 北京：人民出版社，1991.
② 邓小平文选：第3卷［M］. 北京：人民出版社，1993.

事物发展的总趋势，正确确立行动目标；其次，要预见事物发展过程的阶段性，有步骤、分阶段地推进战略举措的落实；最后，预见具体实践发展的多种可能性，多做几手准备，进而防止意外情况发生。

其三，把握重点。

荀子曰："主好要则百事详，主好详则百事荒。"从一定意义上说，把握了重点就把握了全局，丢掉了重点就丢掉了全局。何谓重点？就是有决定意义的问题。一般来说，重点有三类：一是主要矛盾和中心任务，它决定战略主攻方向，对全局的发展起主要的决定作用。二是重大矛盾和战略布局。三是关键环节和工作的着力点。19 世纪末 20 世纪初的意大利经济学及社会学家帕累托从经济数量统计中发现一组有规律的数据：80% 的产出，来自 20% 的投入；80%的工作，由 20%的人员承担；80% 的医疗资源，消耗于 20% 的疾病；80% 的交通堵塞，发生在 20% 的路口；80%的存款，来自 20%的客户；80% 的销售额，来自 20% 的顾客……帕累托由此得出结论：80% 的结果，归于 20% 的起因。这一结论被人概括为"重要的少数与不重要的多数定律""80/20 定律"或"二八定律"。这一结论告诉我们：要分清主次，不要面面俱到；要摆脱众多纷纭的琐事和俗务，以最大精力去解决最重要的问题、重点问题。

"一招不慎，全盘皆输。""一招棋活，全盘皆活。"领导人才运用战略思维，当然要统筹兼顾，但必须把握重点。

4. 战略思维的价值

当前，我国正处于全面建成小康社会的关键时期，提高领导人才的战略思维能力，对于破解难题、助推发展有着三个方面的重要意义。

其一，有助于保持战略定力。

历史与现实领导活动实践表明：只有具备较高的战略思维素养，才能对道路方向保持高度自信、自觉，"任尔东西南北风"；只有具备较高的战略思维素养，才能做到不患得患失，不瞻前顾后，对于业已制定的大政方针延续稳定，“咬定青山不放松”；只有具备较高的战略思维素养，才能在面对错综复杂、风云变幻的环境时，平心静气，该变则迅速变，不该变则坚决不变，“乱云飞渡仍从容”。

当前，我国经济社会发展机遇与挑战并存，“时和势总体有利，但艰和险在增多”。就此习近平明确指出，风云变幻，最需要的是战略定力；竞争激烈，最重要的是激流勇进；迎接挑战，最根本的是改革创新。他还强调，找到一条好的道路不容易，走好这条道路更不容易。……中国特色社会主义这条道路，我们看准了、认定了，必须坚定不移走下去。……要始终保持清醒坚定，保持强大前进定力……不为任何风险所惧，不为任何干扰所惑。这就迫切需要领导人才大力提升战略思维能力，因为只有战略上看清楚，才能做到不为外界所惑，形成自己的判断；才能真正做到坚持道路自信、理论自信、制度自信和文化自信；才能做到既志存高远，又脚踏实地，即行稳致远。

其二，有助于把握战略机遇。

保持战略定力解决的是大方向问题，这是起点，而能不能认识机遇、捕捉机遇、善用机遇，才是能不能获得主动、获得优势、赢得未来的关键。具有战略思维素质的领导人才，才能够主动去认识机遇。也就是说，把握战略机遇，需要以战略思维做支撑，深入研究和分析客观环境并作出科学判断：机遇有还是没有？在何时显现？会延续多长时间？进而抓住机遇，实现发展。

当前，我国发展仍处于可以大有作为的重要战略机遇期。以习近平同志为核心的党中央正确运用战略思维作出科学判断，并从大战略的视角，以世界眼光和全球思维谋划中国的发展，认为世界繁荣稳定是中国的机遇，中国发展也是世界的机遇。习近平反复强调，要维护、用好和延长重要战略机遇期，提出要抛弃零和博弈的冷战思维，增强合作意识，提出实行多元开放以及建设丝绸之路战略构想，用共赢思维构建新型大国关系，共同协商完善全球治理秩序。

当下，提高领导人才的战略思维能力，对于准确把握战略机遇期，牢固树立并切实贯彻创新、协调、绿色、开放、共享等新发展理念，破解发展难题，厚植发展优势，不断开拓发展新境界，具有重要意义。

其三，有助于防控战略风险。

“十三五”时期，是我国发展面临的各方面风险不断积累甚至集中显露的时期，原因主要有四个方面：一是我国仍处于体制转轨、经济转型和既往政策消化期，新旧矛盾交织；二是全面深化改革涉及重大利益关系调整，可能引发新的矛盾；三是改革发展步伐加快，经济社会面临的主要矛盾和矛盾的主要方面随之发生变化；四是伴随经济全球化深入推进，国际风险会以更快的速度、更大的规模和更深刻的影响传递到国内。各种风险往往复合交织而形成一个风险复合体。

面对如此诸多的各种风险，如果没有战略思维能力做支撑，就会无动于衷或视而不见。因此，2014 年 2 月 7 日，在接受俄罗斯电视台专访谈到深化改革问题时，习近平提出了自己的战略思考：胆子要大、步子要稳。胆子要大，就是改革再难也要向前推进，敢于担当，敢于啃硬骨头，敢于涉险滩；步子要稳，就是方向一定要准、行驶一定要稳，尤其是不能犯颠覆性错误。为此，作为领导人才必须要把防风险摆在突出位置，着力提高防范风险的意识和化解风险的能力，“力争把风险化解在源头，不让小风险演化为大风险，不让个别风险演化为综合风险，不让局部风险演化为区域性或系统性风险，不让国际风险演化为国内风险”。[①]

① 赵振华. 深刻把握“十三五”时期重要战略机遇期的内涵变化［J］. 求是，2016（5）.

尤其在当前我国经济社会发展中各种结构性的深层次矛盾日益凸显的背景下，守住底线、管控好各种战略风险和系统性风险是决定各项工作成败的前提。

（二）把握战略思维培育的途径

“欲穷千里目，更上一层楼。”是否具有战略思维意识，战略思维是否具有“战略”意义、能否做到行之有效，最重要的基本条件就是理论修养。理论修养对战略思维有着“哺育”作用，它能为战略思维提供科学的世界观和方法论，能为战略思维下的实践活动提供理论指导和理论知识。没有毛泽东同志的《论持久战》，就不可能形成全国人民同仇敌忾的抗日斗志和灵活机智的斗争策略。没有邓小平理论的修养，就不可能形成各地经济快速发展的战略思维。

毛泽东青年时代就以张载的“四绝”为己任，抱负远大，博览群书，深入调研，他的“雄关漫道真如铁，而今迈步从头越”“数风流人物，还看今朝”等诗词章句至今仍然激励我们前进。如今，领导人才要提升自己的战略思维，就要有王安石的自信、张载的抱负、毛泽东的情怀，形成文明进步的发展思想，不断与时俱进，只有这样才能把领导职能发挥好。缺乏理论修养的领导人才是很难形成战略思维模式的，也很难成为一名称职的领导干部。拍脑袋决策、拍胸脯保证、拍屁股走人的“三拍干部”就是缺乏理论修养，没有战略思维习惯的干部。那种轻视理论轻视战略思维的领导，其结果只能是一个拘于一地一事的事务主义者，而不可能是一个具有大谋大略的事业者。

当然，对战略思维者强调理论修养，并不是割裂实践。没有充分的实践，就不可能进行具有丰富内涵的战略思维。毛泽东则是成功战略思维的典范，他把马克思主义的普遍真理同中国的具体实践相结合，形成的农村包围城市、武装夺取政权的战略思维和战略决策，不仅确保了中国革命一次又一次取得胜利，而且最终凝结为马克思主义中国化的理论成果——毛泽东思想。毛泽东的军事部署和战略决策都是他结合实际，运筹帷幄的思维结果。在毛泽东指挥的军事战役中，几乎没有“临时商议”“见机行事”的情况出现，基本上都是按照他的谋略进展的。毛泽东为领导人才在战略思维中，把理论与实践统一起来树立了典范。我们只有把理论和实践统一起来，树立马克思主义的学风，做到理论联系实际，才能真正做到善于运用战略思维。

习近平深刻指出，“我们中国共产党人干革命、搞建设、抓改革，从来都是为了解决中国的现实问题”“要有强烈的问题意识，以重大问题为导向，抓住关键问题进一步研究思考，着力推动解决我国发展面临的一系列突出矛盾和问题”。矛盾无处不在，问题无时不有。当今中国行进在全面建成小康社会决定性阶段，观念交锋碰撞、利益摩擦抵牾、结构深度调整产生的大量新矛盾、新问题，和历史遗留积累的旧矛盾、老问题交织叠加。我们正在经历“发展起来以后”的矛盾凸显期、发展深水区、改革攻坚期。如何看、怎么办，考验着我们的勇气和智慧。

1. 注重理论学习

学好理论，提高理论思维能力，这是培养战略思维的前提和基础。从一定意义上说，理论思维的深度，决定战略思维的高度。而提高理论思维能力的根本途径就是学习理论。

每一种战略思维的背后都有一种哲学基础。戴高乐说，在亚历山大的行动里，我们能够发现亚里士多德。同样，我们在拿破仑的行动里，能够发现卢梭和狄德罗的哲学。领导人才要努力学习和掌握马克思主义的立场观点方法。坚持人民立场，是运用好战略思维的前提。

战略思维本质上是一种理论思维，需要系统的理论知识。领导人才特别是年轻领导人才必须高度重视和不断加强唯物辩证法和历史唯物论的学习和研究，只有学好唯物辩证法，才能透过现象看本质，才能抓住主要矛盾，从容应对经济社会发展重大问题，牢牢掌握决策的主动权。也只有学习马克思主义，才能自觉加强党性修养。战略思维主要涉及的是方向性、宏观性的问题和长远性、发展目标性的大事，因此不能不讲政治。讲政治才能够看清目标、顾全大局，正确处理局部和全局的关系，妥善解决眼前利益和长远利益的矛盾，维护国家和民族的根本利益和整体利益，排除各种诱惑和干扰，在战略选择面前作出正确的决断。

习近平在主持中央政治局第十一次集体学习时指出：各级领导干部尤其是高级领导干部要“努力把马克思主义哲学作为自己的看家本领，坚定理想信念，坚持正确政治方向，提高战略思维能力、综合决策能力、驾驭全局能力，团结带领人民不断书写改革开放历史新篇章”。

2013 年 12 月 26 日在纪念毛泽东同志诞辰 120 周年座谈会上，习近平指出：在为中国人民不懈奋斗的光辉一生中，毛泽东同志表现出一个伟大革命领袖高瞻远瞩的政治远见。习近平 2014 年 8 月 20 日在纪念邓小平诞辰 110 周年座谈会上说：“我们纪念邓小平同志，就要学习他高瞻远瞩的战略思维。战略思维，是邓小平同志一生最恢宏的革命气度，也永远是中国共产党人应该树立的思维方式。”

在治国理政问题上，习近平特别注重从战略上进行思考和谋划，比如：他提出的“一带一路”战略，实现全面建成小康社会、社会主义现代化和中华民族伟大复兴的“新三步走战略”，协调推进“四个全面”战略布局等。党的十八大以来，以习近平同志为核心的党中央高瞻远瞩、统揽全局，注重运用战略思维治国理政，从确立战略愿景到构建战略布局再到推动战略合作，从筹划战略决策到实践战略部署，再到坚定战略意志，环环相扣，形成科学系统的战略思想。

2. 注重深入实践

领导人才的战略思维能力，不可能离开实践的土壤，也不是领导人才把自己关在办公室里闭门造车。实践是认识的源泉和检验认识的标准，也是提高人们战略思维能力、解决一切重大问题的坚实基础和根本途径。毛泽东能够成为指挥战争艺术的大师，就是他针对中国革命的现实实践难题，在残酷的战争中不断成长和提高。毛泽东连续领导了 20 多年的革命战争，和中国的蒋介石，和日本、美国都打过仗。因此，“他能够把他的战争实践上升为理论，他还能把他的理论拿到战争实践中去检验，经过反复实践才形成了毛泽东军事思想”。[①] 从掌握认识论、方法论来说，毛泽东始终是像《孙子兵法》中所说，“胜兵先胜而后求战”。比如他确立的战争指挥的逻辑顺序是，“正确的作战行动来源于正确的作战部署，正确的作战部署来源于正确的作战决心，正确的作战决心来源于正确的判断，正确的判断来源于周到必要的侦察以及对各种侦察材料连贯起来的思索”。这样他就把一个逻辑的顺序解释清楚了，把一个必要的前提条件，和各种侦察连贯起来进行思索。因为侦察材料是互相矛盾的，特别是很多情报部门所提供的侦察结论，往往是模棱两可、没有规定性的。指挥员就要把各种侦察材料连贯起来思索，去伪存真，然后作出判断。所以我们指挥作战第一条应该给出对敌情判断的结论，然后根据判断下决心、根据决心确立部署、根据部署指挥作战行动。

战略思维能力作为领导人才必备的素质，只有在领导人才的工作实践中才能形成并提高。尊重实践，加强调查研究。思想之树植根于实践沃土，思想之果源自群众创造之花。领导人才要积极深入社会实践之中，注重向生动活泼的社会实践学习，向富于创造的人民群众学习。群众中蕴藏着无

---

① 李际均．战略思维：在战争中学到的智慧［N］．新华日报，2010–11–3.

穷的智慧，领导人才只有甘当群众的小学生，才能汲取丰富的思想营养，找到破解难题的“灵丹妙药”，获得力量源泉。

3. 注重打开视野

培育战略思维，提高战略思维能力，不能事无巨细、事必躬亲，陷入具体业务事务之中，还需注重开阔视野。

一要强化国际化视野。如今，人类世界已经成为“地球村”，领导活动也往往牵一发而动全身，所影响的不仅是一时一事，而且可能是全局和长远，人们面对的形势和任务也复杂多变，当代战略活动的国际化使战略思维的视野必须相应地进行历史性的调整。因此，战略的制定和实施主体不能仅仅局限于本单位的人，而要五湖四海，用人唯贤；战略的范围也不能仅仅局限于军事或政治的某一领域，而要将军事、政治与经济、文化、生态等所有的实践领域结合起来。战略的配置和组织实施也要调动全世界范围内的各类有益资源，形成人类性的共识和共治。

二要强化复合视域。当代世界矛盾的显著特点是复合化，因此，战略思维也必须与之相适应，强化复合化。首先，当代战略活动的要素呈现复合化。一方面，战略系统越来越大，构成要素越来越多、越来越杂；另一方面，系统内部的交叉性和互动性越来越强。一个表面的社会纠纷，背后可能涉及社会管理、公共职责、经济利益、体制改革等相互交织的复合性矛盾，如果不能以复合视域来看待，仅仅就事论事，“打盆论盆，打碗论碗”，那么，就可能无法真正化解社会矛盾，如果一拖再拖，就可能小事拖大，大事拖炸，引发整个系统的不确定。

三要强化大数据意识。准确及时的信息是战略思维运行的依据和基础。战略思维的过程就是统筹处理各类信息的过程。网络时代的到来使得信息生产、传播、处理的方式发生了巨大的变化，也决定了战略思维由依托小数据到依赖大数据、从传统计算到云计算，从而使战略思维的手段出现了质的飞跃。信息传递的速度越来越快，为加快战略思维提供了条件，也对战略思维速度提出了新要求。根据联合国统计，截至 2015 年底，全球互联网用户数已经达到 32 亿以上，占全球总人口的 43.4%。全球手机用户已超过 71 亿，已覆盖 95% 以上的世界人口。这样的信息传播背景，既有利于凝心聚力提升战略思维，也对战略思维特别是战略决策的时效性提出更高的要求。所以，提高战略思维能力，必须运用好互联网、大数据、云计算。

二、培育把控全局的系统思维

系统思维以人类系统思想尤其是现代系统科学理论为深层依据，把握大机遇，迎接大挑战，系统运思，决胜天下。

（一）明确系统思维的要义

1. 系统思维的内涵

系统思维是从事物内部的各种因素及其关系、从一个事物与其他事物的相互关系中认识事物的能力。它着眼于事物的全局，从根本上、总体上把握事物的发展，发挥整体效能，这就是系统思维。

2. 系统思维的特征

系统思维的特征是由系统的根本属性所决定的。学习了解系统思维，应重点把握其四个方面的鲜明特征，即整体性、结构性、层次性、开放性。

其一，整体性。

“花在树则生，离枝则死。鸟在林则乐，离群则悲。”这说明事物的部分离不开整体。我国古代就有许多寓言讲整体性，比如，一根筷子一折就断，十根筷子捆在一起，就无法折断了。再如，“三个和尚没水吃”的故事，三个和尚为什么没水吃呢？究其原因：一是不团结，二是没分工，导致整体性的特征和功能等于零。

整体性是系统科学的核心特征，古希腊哲学家亚里士多德“整体不等于部分之和”较早地表达了整体性思想：系统理论则在现代科学的水平上重新发掘和发展了整体性思想，并使其在科学技术、经济管理和社会组织的实践与创新中发挥着重要的作用。系统的整体性可以表现为三个不同的方面：第一，多个要素的搭配组合可以创新出新的整体系统；第二，相同要素的不同联系组合可以创新出多种整体系统；第三，系统的结构转变可能引起奇迹性的系统行为。

有个寓言故事很能说明其中的道理。

在一大片沙漠中间，两个饥饿的人祈祷到了上帝的恩赐：一篓鲜活的鱼和一根渔竿让他们俩人选择，结果，一个人选择了那篓鱼，另一个则选择了那根渔竿。得到鱼的人自己跑开，用干草皮点着火煮了鱼，狼吞虎咽，还没等品出鲜鱼的肉香，就连鱼带汤吃光了，不久，他没走出沙漠，便饿死在空空的鱼篓旁。另一个人则提着渔竿继续忍饥挨饿，一步步艰难地向前走去，可当他已经看到不远处有片蔚蓝色的湖泊时，他浑身的最后一点力气也用完了，他也只能眼巴巴地带着无尽的遗憾离开人世。

不久，又有两个饥饿的人，他们同样得到了上帝恩赐的一根渔竿和一篓鱼。只是他们并没有各奔东西，而是商定，结伴去找寻湖泊，他俩每次只煮一条鱼，他们经过极艰苦的跋涉，终于来到了湖边，从此，两人开始了捕鱼为生的日子，几年后，他们盖起了房子，有了各自的家庭、子女，有了自己建造的渔船，在沙漠中培植出绿洲，给过路的人提供了极大的方便。

这个寓言说明一个道理：1 如果不加 1，结果可能为零。1 加上 1，结果可能等于 2，甚至可能大于 2。这就是系统思维的整体性。这个寓言故事启示人们："头痛医头、脚痛医脚"或者"一叶障目、不见泰山"——割裂部分与整体之间的关系而孤立地看问题，一定不会走得很远。

"一着不慎，满盘皆输。"说明关键部分对事物的整体起决定作用。系统整体依赖于要素，事物的要素是构成系统的基础。要素的种类、数量、基质不同，决定了系统的性质和功能的不同。由此，我国著名科学家钱学森指出，不讲整体不行，只讲整体也不行。就前面讲的寓言故事来说，如果上帝恩赐的不是一根渔竿和一篓鲜活的鱼，而是两根渔竿或者两篓鱼，其结果仍然是悲剧。

可见，系统思维的整体，体现在系统的各要素要关联起来，把握系统的主导因素。各要素不是"各自为政"、单摆浮搁的，而是始终处于相互依赖、相互作用中，处于一种普遍联系的状态。同时，系统思维的整体性还体现在主要素与细节的关联中。各要素之间的联系不是均衡的联系，而是有主次之分的。有的要素起主导作用，甚至决定事物的性质；有的要素则是控制对象，只起辅助作用。运用系统思维应着力把握系统中的关键环节，抓住重点和要害。坚持从系统整体出发，科学地确定构成系统的要素，并考察各要素本身固有的属性，依据系统的整体目标，不断提高系统要素的特质，是强化系统整体功能的坚实基础。

其二，结构性。

结构是系统内要素联系的内部形式。只有系统的结构趋于合理，系统的功能才能得到优化。而系统的结构趋于合理的表现就是构成系统的各要素之间能够协调一致、相互配合。比如，一个合理的领导班子的系统结构，应该是由不同的工作经历、学识、修养和性格的人所构成，彼此之间能够取长补短、优势互补，从而成为一个坚强有力的领导集体。

其三，层次性。

系统的层次性在事物中体现为纵向的上下关系，如同一个集团军下面设军、师、旅、团、营、连、排、班，形成梯次，以避免顾此失彼，全面崩溃。完整的系统方法必须研究等级秩序，等级秩序的一般理论是一般系统论的主要支柱。等级系统原则是指把系统划分为不同的层次性。在等级系统的链条中，每一个系统既是要素又是系统。相对更高一级的系统，它是要素；而相对于低的系统，它是系统。系统与要素的不断转化，构成了世界无限发展的图景。系统发育原则进一步说明了系统等级的形成。该原则认为，开放系统在与环境交流中，会产生从无序到有序、从低级系统到高级系统的演进。如生物，从生物个体到种群、从种群到群落、从群落到生态系统。层次性在政治上体现为级别，在管理上体现为科层。系统思维的层次性主要体现在分清主次，明确程序。讲求层次性非常重要。领导活动如果没有层次性，必然会混乱无序；反之，系统层次分明，工作就有条不紊、游刃有余、举重若轻、事半功倍。

其四，开放性。

系统理论，特别是耗散结构理论强调开放性，并相应地把系统分为孤立系统、封闭系统和开放系统三种类型。开放系统是指同环境进行物质、能量和信息交换的系统。现实的系统都有不同程度的开放性。系统的开放性为系统进化提供了可能。任何一个现实的系统，都有其外部环境，脱离外部环境的系统是不能产生的，也是不可能存在和发展的。领导人才要运用系统思维，就要分析自己系统所处的环境状况，深入调研环境可能发生的变化及其对系统的影响。外部环境及其变化，可能对系统现今的存在和发展是危机，也可能是机遇，还可能是危机与机遇并存。领导人才须清醒认识这类态势，避害趋利，有所调整，主动抓住机遇，迎接挑战。

开放性是现代领导系统思维的精神追求。领导活动也只有开放，外向、亲民、回应、互动、分享、包容、交往、接纳、融合等基本价值追求才能得到充分表述、表达和表现，而且这种开放性应主要体现在公开分享信息、公开回应公民诉求、广泛吸纳公众参与合作治理等方面。

3. 系统思维的价值

系统思维的价值在于促结构优化。任何系统都是结构和功能的动态统一体。一方面，结构决定功能，制约着功能；另一方面，由于系统与外在环境的作用处于不断的变化之中，功能总要发生变化，这种变化由外转内作用于系统，往往使系统内在结构发生相应的变化。系统结构与功能的辩证关系，为领导人才的战略思维提供了重要的方法论。因此，运用系统的方法，必须要善于分析各个要素之间的相互关系，以及各要素与系统整体的关系，构建合理的系统结构，进而达到优化系统整体功能的目的。如同一个乐队，要通过明确乐队的层次结构演奏“协奏曲”。七人分粥的故事对领会系统思维的价值具有启发意义。

曾经有七个人住在一起，每天喝一大桶粥。然而，粥每天都不够分，大家对此很不满意。一开始，他们抓阄儿决定谁来分粥，然后每天轮一个。于是每周下来，他们只有一天是饱的，就是自己分粥的那一天。

后来，他们开始推选出一个道德高尚的人来分粥。结果，强权就会产生腐败，大家开始想方设法去讨好他、贿赂他，搞得整个团体生态恶化。然后，大家开始组成三人的分粥委员会及四人的评选委员会，互相攻击、扯皮，最后粥吃到嘴里全是凉的。

最后他们想出来一个方法：轮流分粥，但分粥的人要等其他人都挑完后拿剩下的最后一碗。为了不让自己吃到最少的，每个人都尽量分得平均，就算不平均，也只能认了。

从此，这七个人快快乐乐、和和气气，日子越过越好。现实中同样如此，不同的分配结构和顺序，就会有不同的功能。一个组织如果有不好的工作习气，一定是系统的时序和机制问题，一定是没有完全公平公正公开、没有严格奖勤罚懒的制度。如何制定这样一个制度，是每个领导人才需要考虑的问题。

领导人才要培育系统思维，首先要视本组织为一个系统，万事要做统筹考虑。其次要思考本组织系统与所处环境的关系，这就是本组织系统的功能定位问题。最后，在功能定位确定后，就要按照系统的“结构—功能”原则，审查本组织系统的内在结构是否与其功能相协调和相配合，在动态中实现最大限度的相互协调。

组织结构是内部影响组织效率的最重要因素。一个组织的结构表明这个组织的权力配置，同时决定着这个组织的决策方式，而权力配置与决策方式是影响组织效率最关键的要素。组织结构还影响组织沟通的效能，一般来说，组织的层级越多，沟通所经过的路径就越长，组织沟通的效能也就越低。在这个意义上，扁平化已经成为组织结构优化的必然趋势之一。

（二）把握系统思维培育的途径

系统的观点是把事物看成由许多的元素构成，每个元素都有它自身的特性，这些元素之间彼此相连。在现代社会中，任何领导活动几乎都处于系统之中，各要素之间、要素与系统之间关系复杂，有时一损俱损、一容俱容；有时一个对局部有利的事，可能是损害全局的；有时一个对局部有害的事，却有利于全局，比如阻止战，就是以牺牲局部利益换取更大的利益。因此，领导人才能否统筹兼顾，不仅体现领导人才的系统思维水平高低，而且决定领导活动的成败。

1. 强化统筹局部效能与全局效能的意识

在领导决策中，既要考虑本地区本部门本单位的利益，也要考虑全社会和国家全局甚至全球人类共同的利益，有时为了保证全局利益，局部要作出牺牲。因而领导人才在决策时必须将全局与局部二者结合起来考量，而且应把重视整体效能的最满意化放在首位。

2. 强化统筹眼前利益与长远利益的意识

领导人才在决策时，不能只以眼前利益出发而应考量长远的利益。当眼前利益与长远利益不一致时，有的方案对眼前有利而对长远不利，也有的对眼前不利而对长远有利，领导人才的正确思想方法就是要把二者兼顾起来考量，而且要更多地注意长远的利益。在此领导人才要特别注意短期决策与长期决策的统一，除要做好组织运营中短期的决策，还要把决策的着眼点始终放在有关组织发展方向的长期决策上。

3. 强化统筹定性研究与定量分析的意识

领导人才在决策时应注重性质和方向，也应当重视定量分析，用数据说话，使决策更加精准。在今天复杂的决策情境下，要做到心中有数，除了依靠以往经验，还要依靠现代数量管理工具，特别是用大数据分析来辅助决策。

做到系统的思考问题，需要有良好的知识储备。我们分析事情，思考发展，必须要有丰富的知识储备、完善的知识体系，思考问题才不会顾此失彼，想得更远、思得更深，意见才更加成熟。领导人才要适应现代化政府的执政要求，也必须具备良好的知识储备，不断学习，要在学习中培养系统思维，系统地思考、辩证地看待事物。

三、培育理性智慧的辩证思维

辩证思维对于领导活动非常重要。恩格斯有句名言，蔑视辩证法是不能不受惩罚的。如果对辩证唯物主义一窍不通，就总是会犯错误。

（一）明确辩证思维的要义

1. 辩证思维的内涵

辩证思维是指以联系和变化发展的视角认识事物的思维方式，通常被认为是与形式逻辑思维相对立的一种思维方式。在逻辑思维中，事物一般是“非此即彼”“非真即假”，而在辩证思维中，事物可以在同一时间里彼此关联甚至“亦此亦彼”“亦真亦假”灵活地进行被思维。辩证思维是唯物辩证法在思维中的运用，唯物辩证法的范畴、观点、规律完全适用于辩证思维。对立统一规律、质量互变规律和否定之否定规律是唯物辩证法的基本规律，也是辩证思维的基本规律。

2. 辩证思维是复杂的思维方法群

以联系和发展的观点看问题，辩证思维应用于具体的领导实践往往体现为一个复杂的思维方法群，它主要包含下列三种方法。

其一，统筹兼顾的思维方法。

统筹兼顾的思维方法又被人们形象地称为“弹钢琴”的思维方法，讲究的是相互协调与轻重缓急，强调的是在领导工作中领导人才既要注重全局工作，树立一盘棋的大局思想，同时也必须抓好具体工作，使具体工作与全局工作有机结合起来。对于领导人才来说，所谓的辩证思维，是指要辩证地看问题，坚持“两点论”和“两分法”，任何时候都不钻牛角尖，不片面、静止、孤立地看问题，承认矛盾、分析矛盾、解决矛盾，善于抓住关键、找准重点、洞察事物的发展规律，解决领导过程中的疑难问题。

当下，我国大力推进科学发展，其根本方法就是统筹兼顾，只有通过这种方法，才能妥善处理好中国特色社会主义事业中的各种重大关系，促进现代化各个环节、各个方面相协调。成功运用统筹兼顾的辩证思维方法，最为重要的是要清楚：在实现统筹兼顾的过程中，抓重点、做统筹不能脱离整体和大局，没有全局在胸，难以下出好棋；然而，再中心的工作也终究是以全局其他非中心工作为其存在的前提，非重点和次要工作同样不能忽视，要防止掉入为突出重点可以忽视重点赖以生存之全局的误区。与此同时还要注意：抓全面、促兼顾应避免四面出击，平均用力。注重全局，并非眉毛胡子一把抓、西瓜芝麻一起捡，而是在协调好全盘、兼顾好局部的前提下，把主要力量置于对全局最重要和最有决定意义的问题上，避免出现平均主义倾向和“一着不慎满盘皆输”的后果。

其二，“解剖麻雀”的思维方法。

“解剖麻雀”的思维方法，是中国共产党历来注重和提倡的重要领导方法和工作方法。作为领导人才，应该善于运用“解剖麻雀”的思维方法，这就是通过对个别事物的深入研究，从中发现一般的普遍的东西。要运用好解剖麻雀的思维方法，领导人才应善于深入实践做详细的调查，对实际情况和典型案例加以研究，抓住那些具有典型性、代表性的“麻雀”，而不是仅仅依靠书本知识，也不能靠道听途说、走马观花，而是要“下马看花”，下去蹲点、深入调查，深入社会之中、实践之中真正做好“解剖麻雀”工作。在运用这一思维方法的过程中，除了注意抓住那些最具代表和典型性的麻雀之外，还需领导人才破除思维的旧模式和旧习惯，不带框框、实事求是地进行调查和解剖，不能在“解剖”之前就带着先见，只能在“解剖”之后根据实际情况得出结论。

毛泽东指出，调查就像“十月怀胎”，解决问题就像“一朝分娩”。调查的过程实质就是对调查对象各种情况解剖的过程。如果忙于决策，忽略了调查与解剖问题的过程，必然无法把握事物的本质。1927 年毛泽东对湖南农民运动的考察报告就是成功运用“解剖麻雀”法的光辉典范。通过对湘潭、湘乡、衡山、醴陵、长沙等地农民运动的考察，毛泽东突破了人们对湖南农民运动认识原有的旧框框和错误观念，实事求是地对其作出了新的科学结论，指出湖南农民运动在当时中国农民运动形势下的革命性质和意义以及存在的某些不足，批判了保守者和反动者把农民运动污蔑为“痞子运动”“糟得很”“太过分”的反动言论，为农民运动的发展指明了方向。

其三，“牵牛鼻子”的思维方法。

在民间有这样一条生活经验，只要抓住了一头牛的鼻子，这头牛就会变得驯服。“牵牛鼻子”的思维方法，就是在复杂的矛盾体系中抓住主要矛盾来解决问题的思维方法。从牵牛鼻子、抓主要矛盾的目标层次而言，牵住牛鼻子、抓住主要矛盾的目的并不仅仅在于解决这个矛盾本身，而在于促进整个矛盾体系之面的化解与转化。如果说弹钢琴的思维方法告诉领导人才应掌握好全面性原则，不能因点而杀面，那么“牵牛鼻子”的思维方法则是要求领导人才把握好重点性原则，我国经历 30 多年的努力，终于发展成为世界第二大经济体、第一大贸易体，这是中国共产党对“牵牛鼻子”思维方法正确运用的结果，始终坚持以经济建设为中心，聚精会神搞建设，一心一意谋发展，扭住经济建设这个关键点不放，为我国政治、文化和社会等各个方面的快速发展奠定更加坚实的物质基础，为实现“两个百年”的伟大目标创造极其有利的经济条件。如果牵不住这个“牛鼻子”，离开了经济建设这个中心，社会主义现代化就无从谈起，实现中华民族伟大复兴中国梦也只能是一句空话。

（二）把握辩证思维培育的途径

1. 学习马克思主义哲学掌握辩证思维

辩证思维是唯物辩证法的具体体现，唯物辩证法则是马克思主义哲学的重要内容。马克思主义哲学是科学的世界观和方法论，是我们认识世界、改造世界最有力的思想武器。

马克思主义辩证法是我们打开辩证思维之门的金钥匙，它要求我们综合地、整体地、系统地、全面地打开复杂形势之锁。形势是由条件决定的，形势是各方面条件的综合反映。所谓各方面的条件，主要是政治、经济和人民生活三个方面。领导人才判断形势好与不好，主要应当看这三个方面的情况如何。一个国家或一个地区，社会稳定、经济发展、人民群众生活改善，形势就好；反之，社会动荡、经济萧条、人民群众生活贫瘠，形势就不好。当前，学习贯彻十八大和十八届三中、四中、五中、六中全会精神，落实“四个全面”的战略布局，落实全面从严治党，也必须学会用辩证的观点看待中国问题。具体要做到：既要看到问题，也要看到成就；既要看到困难，也要增强自信；既要发展速度，也要发展质量；既要物的发展，也要人的提升；既要立足当下，也要放眼未来；既要强盛国家，也要提高人民生活水平；既要继承优秀传统，也要勇于开拓创新；既要强力反腐，也要制度反腐；既要独立自主，也要合作共赢。

从辩证思维角度看，领导人才必须学会从对立统一中把握事物及其发展的规律。列宁曾指出，可以把辩证法简要地确定为关于对立面的统一的学说，这样就会抓住辩证法的核心。他还说过，要真正地认识事物，就必须把握、研究它的一切方面、一切联系和一切“中介”。我们要努力做到这一点，但是，全面性这一要求可以帮助我们防止犯错误和防止僵化。辩证法提醒领导人才，无论任何时候还是研究任何问题，都要从对立统一中把握事物及其发展的过程，坚持辩证法的全面性，避免形而上学的片面性。历史告诉我们，片面性、极端化、绝对化必将导致革命和建设蒙受巨大的损失。今天，领导人才要紧紧扭住经济建设这个中心不放松，但精神文明建设和思想政治工作也不能有一刻放松；要防止左倾思潮错误，也不能忽略思想战线上敌对势力意识形态渗透。必须改变“一手硬，一手软”的局面，两手都要抓，两手都要硬，这就要求领导人才坚持辩证思维。

辩证思维要求，领导人才必须学会具体问题具体分析。马克思主义最本质的东西，马克思主义活的灵魂，就是具体问题具体分析。马克思主义的基本原理同中国革命的具体实践相结合，产生了毛泽东思想。什么叫具体呢？列宁曾经这样描述，具体之所以具体，表现为过程、表现为综合、表现为多样性。如果用具体事例来说明就容易理解多了。比如，一瓶矿泉水是什么？回答是一瓶矿泉水，没错。但它还是什么？这就要看具体情况了。拿它来饮用就是解渴的饮料，拿它来灭火就是灭火剂，拿它来销售就是商品，拿它来扔别人就是武器甚至是凶器，拿到法庭上就是证据……

辩证思维要求，领导人才最基本的思想和工作方法就是必须善于抓住主要矛盾和矛盾的主要方面。以此去带动全面工作。在这方面，毛泽东《论十大关系》一文是成功运用辩证思维的典范，字里行间体现着辩证思维的精神。其中的“重工业和轻工业、农业关系”“沿海工业和内地工业的关系”“中央和地方的关系”的分析至今仍有直接指导意义。

唯物辩证法认为，世界是普遍联系和永恒发展的，事物发展的根本动力是内在的矛盾运动，只有坚持用全面、联系和发展的眼光看问题才能认识世界、把握世界。在信息化、全球化的今天，世界已经成为地球村，国内外各种矛盾相互交织，新问题层出不穷，领导人才如果仍然孤立、静止、片面地看待和处理问题，就会比以往更易陷入被动局面，给领导工作带来失误和损失。

2. 学习中华优秀传统文化滋养辩证思维

中国优秀文化是中华文明的制高点，其中蕴含着丰富的辩证思维，值得我们去挖掘学习。

例如，老子的“乐极生悲，否极泰来”告诉我们，事物发展到一定程度后会转向它的对立面，这是极富智慧的思想，也是被无数次证明了的真理。

《易经》曰：“盖天下之道非两不能立。是以立天之道曰阴与阳，立地之道曰柔与刚，立人之道曰仁与义。”就是说，世界上万事万物都是合二为一的，任何事情都是由两个不同方面构成的，天由阴和阳构成、地由柔和刚构成，而人由仁和义构成。这其中包含着朴素的辩证思维。

“横看成岭侧成峰，远近高低各不同。”北宋诗人苏轼的《题西林壁》体现着辩证思维，提醒人们要注重全面、联系和发展地看问题。

“挽弓当挽强，用箭当用长。射人先射马，擒贼先擒王。”唐代大诗人杜甫在其《前出塞九首》的第六首中就提出处理和解决问题要抓住关键、击中要害。这就是一种辩证思维，注重矛盾分析、抓住矛盾尤其是主要矛盾的体现。

“蝉噪林逾静，鸟鸣山更幽。”南朝诗人王籍的《入若耶溪》强调了矛盾对立面双方的相互依赖、相互作用，提醒我们在注重矛盾双方对立时不忽视二者的统一，在注重矛盾双方统一时不忽视二者的对立。

“泾溪有险人兢慎，终岁不闻倾覆人。却是平流无石处，时时闻说有沉沦。”“险”与“不险”，确有客观上的差别，但是，危险与不危险是相对的。如果你谨慎过险之地，则不倾覆；如果不谨慎地涉不险之地，则可能沉沦。

这首诗是辩证思维极为精辟的体现，领导人才必须注重矛盾双方依据一定条件向自己相反的方向转化。就像突发事件的“突”，从“犬”从“穴”，事发的出乎意料，令人措手不及，露出破绽。然而，如果事先做足准备，就会习以为常、见怪不怪了，危机成为机遇，成为展现你临危不乱素养的机会。

四、培育勇于开拓的创新思维

创新是人类自我确证的工具，是一个民族进步的灵魂，是一个国家兴旺发达的不竭动力。然而，创新离不开创新思维的引领和驱动。作为领导人才要想创造性地开展领导工作，需不断强化创新思维。

（一）明确创新思维的要义

创新思维是在一般思维基础上发展而来的思维精华，是以各种智力因素与非智力因素相结合，在各项活动中所表现出来的具有独创的，产生新事物、新方法或新结果的高级复杂的思维活动，创新思维是最能体现人的自我超越性的思维能力，是体现人之为人的重要表征。

创新思维有两层含义：一是指建立新的理论、创造新的成果或者具有新发现的认识活动，二是指对原有事物的调整、调动而形成新效能的思维方式。前者强调的是思维过程的独创性、是前所未有的思维、是创造思维，后者是在保持原有要素不变但优化结构后形成的解决问题的新想法和思路，是除创造思维之外的创新思维。不难看出，相对来说，创造思维是创新思维的更高层次，也是我们更进一步的追求。对于人们来说，无拘无束、天马行空，让头脑刮起风暴，任思维自由驰骋，实现从无到有的创造，当然是人之为人的思维解放和艺术般极端体验。

领导人才创新思维就是指领导人才在工作中用超出常人想象的方法和手段破解常人或前人所解决不了的难题，创造性地实现领导目标的思维。

（二）把握创新思维培育的途径

领导人才的创新思维，是指领导人才在工作中能想别人所未想、做别人所未做，提出新见解、发明新方法，解决常人或前人解决不了的问题，实现领导工作的新突破。领导人才培育创新思维应至少抓住以下三点。

1. 回归实践本源

“纸上得来终觉浅，绝知此事要躬行。”实践是创新思维的源泉，也是检验真理的唯一标准。只有深入实践才能发现问题，也只有深入实践才能找到问题的症结，探索出解决问题的新路。日本松下电器创始人松下幸之助曾说过一句名言：非经自己努力所得的创新，就不是真正的创新。英国文学家阿尔多斯·赫胥黎也曾讲过，经验不是发生在你身上的事情，而是你对发生在你身上的事情做了什么。上述名言佳句都说明了这样一个道理：创新离不开实践，创新思维同样也离不开实践。

2. 提高理论修养

马克思指出，理论一经掌握群众，就会变成物质的力量，理论只要能说服人，就能掌握群众；而理论只要彻底，就能说服人。所谓彻底，就是抓住事物的本质。真理总会散发出智慧的光芒，通过对规律的把握让人走在正确的道路上，让人满怀信心满怀希望。创新思维需要理论之光指引方向。毛泽东学识渊博，一生非常注重加强自身的学习提高，他熟读各种书籍，通晓文学、历史、哲学、军事等多门理论知识。正是由于他博览群书，有着丰富的知识底蕴，头脑中储存了大量信息，才使他能够写出气势磅礴的诗文、料敌如神富有哲理的革命文章。在战场上指挥若定、一次次出奇制胜。“四渡赤水出骑兵、北上长征、麻雀战、运动战、三大战役”都是毛泽东创新战法的经典战例。所以，广博的知识是创新的基础。厚积才能薄发。在进行任何一项创新思维之前，人的头脑中总要有一些预备性的知识。头脑把这些知识当作铺垫或者跳板，然后构想出解决问题的新方法。也就是说，积累越丰富，创新的成功率就会越高；理论根基越深厚，创新的思路就会越清晰。

其一，学习掌握马克思主义立场观点方法。

马克思主义为创新思维提供理想信念的精神之钙，为领导人才创新提供原动力，破解不敢创新、不愿创新的问题。从领导目的上看，领导活动过程本身就是使人的自身价值得以实现的过程。领导人才运用创新思维的本质和宗旨就是使人的自身价值得以实现。摆脱异化和片面，实现人自由而全面的发展，这正是马克思主义的立场。因此，领导人才仅仅注重组织或群体方向的选择、目标战略的确定是不够的，还需要通过发挥人的任用，为领导目标或战略的实现提供人才支持和保障。任何实践活动都是由人来完成的，人是领导活动中最能动、最活跃的因素。任何决策、制度、机制都有赖于人的主观能动性的发挥。正如毛泽东所言，使这一切主意见之实行，必须团结干部，推动他们去做。学习掌握马克思主义立场观点方法，就是要深入研究马克思主义唯物辩证法，注重矛盾分析、抓住矛盾尤其是抓住主要矛盾，注重全面、联系和发展地看问题，注重透过表象揭示事物的本质和发展规律。只有掌握了马克思主义唯物辩证法的灵魂，在难题面前，才会找到智慧的方法，创造出奇迹。

有个寓言故事很能说明这个道理。古代有一个老国王，通过比赛来选拔出他认为称职的继承人，老国王给两个王子出了一道题：给他们每人一匹马，白马给老大，黄马给老二，让他们骑马到城外的一个泉边去饮马，谁的马走得慢，谁就是赢家。

老大本想用“拖”的办法取胜，可是，老二迅速抢过老大的白马，打马如飞，疾驰而去。结果，弟弟胜了，由于他骑的是老大的马，自己的马自然就落到了后面。

二王子的“骑马思维”，说穿了就是“创新思维”。其特点是：跳出平庸、出奇制胜！

老大失利了之后，心中非常不服，就向国王申诉说，老二取巧就算了，还使用蛮力，属于犯规。国王回答说，我并没有设立什么规矩啊。老大还是不服，申请再比一次，这次不准用抢的方法，老二如果还能赢，老大就甘愿服输。

国王看了看老二，老二表示可以再比一次。于是哥哥和弟弟又准备开始比赛了，这回还是比谁的马走得慢谁赢。这次国王让这哥俩到马棚里自己挑马。结果哥哥率先跑进马棚，挑了一匹病歪歪的瘸腿马，弟弟却不紧不慢随便找了一匹马。这回哥哥心里暗暗冷笑，看你这回怎么赢我。

比赛开始了，一声号令，只见一匹马好似离弦之箭，瞬间到达河边，大伙定睛观瞧，先到河边的是老大骑着的病歪歪的瘸腿马，而老二仍在后面晃晃悠悠。

为什么会这样呢？原来号令一响，老二在老大的马屁股上刺了一剑。

结果这次还是弟弟赢。这个故事折射出唯物辩证法对于创新的巨大功效。第一次老二赢，因为老二骑的是老大的马，变你的马为我的马，这就打通了矛盾对立面之间的界限，实现了对立统一。第二次还是老二赢，通过强烈刺激外因，激活病歪歪的瘸腿马使之变成快马、飞马。这生动地体现了事物间联系和变化。正是对于辩证法的理解和运用，使老二连连赢得比赛，也赢得了国王的认可。

马克思主义哲学是科学的世界观和方法论，它反对孤立、片面、静止看问题。经验思维定式、权威思维定式和从众思维定式，问题都在于孤立、片面、静止看问题，在思维上直接体现缺乏辩证思维，以致从经验层面、感觉层面和情绪层面看问题。思维停留在经验层面，就陷入经验思维定式；思维停留在感觉层面陷入权威和从众思维定式；思维停留在情绪层面，就会胡乱来。

其二，学习掌握具体的创新思维方法。

综观人类历史，凡是那些能够睁开眼睛看世界、作出创新的伟人和名家，绝大多数都是博览群书、学富五车、博古通今、学贯中西的人。美国前总统尼克松，在其所写的《领袖们》一书中，考察分析了包括毛泽东、周恩来在内的诸多杰出政治家之所以具有极强创新能力的条件后提出，最重要的原因在于他们酷爱学习，并在学习中创造新的思维成果，他们的做法和精神值得我们学习。

第一，学会发散思维。发散思维就是从一个信息源中分解出多种不同结果的思维方法。例如，在考虑“玻璃”的用途时，发散性思维的思维过程是：顺着“可以作透明器皿”这一方向迅速发散出去，“玻璃”可以作杯子、饭碗、餐盘，还可以作水瓶，还可以放在汽车、轮船、飞机内部等，表现为一个极其丰富的量的扩张过程。在这里，可以想到“玻璃”在日常生活中的用途，但仍然是同一方向上的量的扩张，归根到底是单一方向的，这属于发散性思维的初级层次。进一步，我们还可以思考“玻璃”的其他用途，如作为窗户、墙面材料、包装盒具、眼镜、瞄准镜等武器配件等，这时“玻璃”用处的思考就发生了质的飞跃，体现了更立体的用途。

发散思维力求从尽可能多的方面来考虑问题，即发挥思维的活力和创造性，使思维不再局限于一种模式、一个方面。

2016 年 11 月 23 日，著名经济学家厉以宁在题为《怎样持续推进结构性改革》的演讲中讲了关于一个创新的故事：[①]

一个生产木头梳子的工厂找了四个推销员，让他们去和尚庙里去推销梳子。第一个推销员一把没卖掉。第二个推销员销售了好几十把，用什么方法呢？他对和尚说，梳头是木头梳子的第一功能，但梳子有第二个功能，经常用木头梳子刮刮头皮，可以止痒、活血、名目、清脑、美容、养颜，这样靠第二功能销售了好几十把梳子。第三个推销员销售了好几百把，还有好多订单。他是因为仔细观察发现庙里的香火挺旺，庙里的香客很虔诚，磕头后头发就乱了，于是他找到方丈跟方丈说，每天在佛堂前面放几把木头梳子，香客磕头起来以后头发乱了，可以用梳子梳一下，方丈觉得有道理，就订购了几百把梳子。第四个推销员销售了好几千把，还有好多订单。怎么做到的？他对方丈说，庙里经常有人捐钱，那你得有礼品回馈给人家，木头梳子是最好的纪念品，于是方丈就订购了好几千把。

① 新浪财经，http://finance.sina.com.cn/china/gncj/2016-11-23/doc-ifxxwrwk1733242.shtml.

这四个推销员中的后三个之所以销售成功，原因就在于他们运用了发散思维：第二个推销员对梳子梳头的功能纵向发散，突出了梳子的保健功能，实现了阶段质变，但毕竟和尚有限，所以销售了好几十把梳子；第三个推销员对梳头的主体作了发散，将用户拓展到香客，实现了局部质变，但功能还限定的梳头上，所以销售了几百把梳子；第四个推销员，在主体和功能上作了更大的发散，相对于第一个推销员实现了主体和功能上的双重质变，所以销售了好几千把梳子。第一个推销员由于不具备发散思维能力，因此无法创新，无功而返。从某种意义上说，经济学家厉以宁讲的这个故事是对发散思维之于创新思维关系的一个很好诠释。

对于领导人才来说，不仅要让自己的思维发散，而且还要运用外脑来发散思维，头脑风暴法即以专家的创新思维认识事物的定性思维方法，就是克服心理障碍，思维自由奔放，打破常规，激发创造性的思维活动，获得新观念，并创造性地解决问题。它最大的特点是参加头脑风暴的每个人都尽可能穷尽所有的方案，而且不对别人的思维进行评价以免限制别人的思考。它分为两大类：一类为个人分析法，即专家个人以创新思维来认识、分析事物；另一类为专家会议法，即专家集体以创新思维认识、分析事物。个人分析法能最大限度地发挥个人的智力、逻辑思维能力，不受外界影响。但由于个人的能力毕竟有限，如占有资料不全、知识面宽度不够等，难免有片面性。专家会议法正好弥补了个人分析法的不足，可以进行“思维互补”，作出更全面、深刻的认识结论。但运用“专家会议法”时，切忌把权威的意见当结论。

而且，对于领导来说，有发散必须还得有收敛，要收敛到领导目标或任务上，实现放与拎、散与收的统一。否则单纯的发散思维不会形成创新成果。

如果一个思维过程只重视发散思维，而无视收敛性思维的存在及作用，尽管可以爆发出许多思维创造的闪光点和智慧的火花，但由于无收敛性思维，还是不能将闪光和火花集中起来，形成集中的思维力量，思维过程就会失去控制而陷入无序状态，变成混乱性思维。所以，发散性思维如果没有收敛性思维作补充，就容易发散无边，变成幻想、空想、乱想。

第二，学会逆向思维。逆向思维就是我们常常说的“反弹琵琶”，就是有意识地从常规思维的反方向去分析问题的方法，也就是通常我们所说的，突破思维定式，从人们淡忘甚至遗忘的角度切入，或从常规的反面入手去想一想，往往会别有洞天，有人说逆向思维可以使人年轻，想想也是有些道理的：每个人都要走向明年，明年会比今年大一岁，所以今年比明年年轻一岁。对于老年人，这样的逆向思维，可以让人越活越年轻；对于年轻人，则可以更加珍惜时间，更加努力。

在创造性思维上，更需要逆向思维，逆向思维可以创造出许多意想不到的人间奇迹。

司马光 7 岁的时候就有很强的创新思维，有一次，他跟小伙伴们在后院里玩耍。院子里有一口大水缸，有个小孩爬到缸沿上玩，一不小心，掉到缸里。缸大水深，眼看那孩子快要没顶了。别的孩子一见出了事，吓得边哭边喊，跑到外面向大人求救。司马光既没哭喊也没有向外跑，而是从地上搬起一块大石头，使劲向水缸砸去，“砰！”水缸破了，缸里的水流了出来，被淹在水里的小孩也得救了。

司马光能够在关键时刻急中生智，原因在于他发挥了主观能动性，运用了逆向思维，一般人想的是怎么让落水小孩儿离开缸，他想的却是如何让水缸离开小孩。砸缸救人对他们这样的小孩儿来说，的确是最可行的最直接、最简单的方法。

传统的破冰船，是依靠自身的重量来压碎冰块，因此它的头部都采用高硬度材料制成，而且设计得十分笨重，转向也非常不便，所以这种破冰船非常害怕侧向漂来的流水。苏联的科学家运用逆向思维，变向下压冰为向上推冰，即让破冰船潜入水下，依靠浮力从冰下向上破冰。新的破冰船设计得非常灵巧，不仅节约了许多原材料，而且不需要很大的动力，自身的安全性也大大提高。遇到较坚厚的冰层，破冰船就像海豚那样上下起伏前进，破冰效果非常好。这种破冰船在当时被誉为“本世纪最有前途的破冰船”。由中国发明家苏卫星发明的“两向旋转发电机”诞生于1994年，同年8月获中国高新科技杯金奖，并受到联合国TIPS组织的关注。1996年，丹麦某大公司曾想以300万元人民币买断其专利，可见其发明价值之巨大。

销售培训上经常讲这么一个故事：说太平洋的一个岛屿，这天来了两个分别属于英国和美国的皮鞋厂推销员，他们在岛上分头跑了一圈，发现岛上竟无人穿鞋。于是第二天分别给工厂发了电报，英国推销员的电文说：此岛无人穿鞋，我于明天飞返。而美国推销员的电文却是：此岛无人穿鞋，皮鞋销售前景极佳，我拟驻留此地。第二天，英国推销员飞离此岛，美国推销员则留下来张贴“广告”。他的广告没有文字说明，只是画着一个当地人模样的壮汉，脚穿皮鞋，肩扛虎、豹、狼、鹿等猎物，威武雄壮，煞是好看。当地的土著看了这张广告，纷纷打听在哪儿能弄到那广告画面上的壮汉脚上穿的东西，于是美国推销员所推销的皮鞋逐渐打开了销路。

在领导实践工作中，如果组织成员真正持完全一致的意见，未必是最佳结果。因为既然这个决策大家都认为重要并同意，说明它已经不那么前沿和创新了。但凡具有创新性的领导决策，一定有尚未理解或者顾及风险的人，他们必会提出异议。如果领导人才陶醉于一致通过，那么，可能这个决策本身已经丧失先机。另外，对一个问题存在异议是非常正常的，在统一中寻找分歧，恰恰是领导活动中应有之义。因此，一个国际惯例是，在论证一个重大国际项目时，除了要有可行性报告，还要有不可行性报告同时形成。

第三，学会侧向思维。侧向思维就是领导人才把注意力导向焦点旁边的其他领域或事物，寻找突破，“曲线救国”，从而找到超出限定条件的解决问题的新方法。

我们先来看一个小故事。一个星期日的早晨，一个老师正在准备第二天的讲课内容。他的太太出去加班了，而他的儿子哭着嚷着要去儿童乐园。为了转移儿子的注意力，这位老师将一幅色彩缤纷的中国地图，撕成许多小碎片，然后对儿子说：“宝贝，你如果能把这张中国地图拼起来，我就带你去儿童乐园。”

老师以为这个“大活儿”会让儿子花费一个上午时间，但是，不到10分钟，儿子就拼好了。每一片碎纸片都整整齐齐地排列在一起，整张中国地图又恢复了原状。

教师很吃惊，问道：“宝贝，你怎么拼得这么快？”

儿子回答道：“太简单了呀！地图的背面是“光头强”的照片，我先把“光头强”的照片拼到一起，然后把它翻过来。我想，如果这个人拼对了，那么，这张中国地图也应该是对的。”老师禁不住笑出声来，决定马上带儿子去儿童乐园。故事讲完了，那么这位老师的儿子是如何实现创新思维的呢？“把它翻过来”。这是运用侧向思维实现创新的成功范例。“横看成岭侧成峰。”当我们转换视角，来看一看事物的另一面时，“山重水复疑无路”就完全可能马上呈现出“柳暗花明又一村”。

1988年，中日两国在甘肃合拍了电影《敦煌》。电影拍完后，日本人要将由其投资2700万元人民币修筑的“敦煌城”烧掉，一开始，中方的官员表示不同意，并承诺可以给予日方一定的补偿，但日方负责人置之不理，坚持要烧掉。

后来，中方改变了谈判的思维，对日方负责人讲，这座影视城确实是贵国出资建设的，因此，贵方有权选择任何一种办法来处理，包括烧掉。

然而，影视城建在中国的领土上，所以，烧完后的垃圾请贵方务必想办法带走。还有，因为燃烧必然引起环境污染，贵方也应该作出相应的经济赔偿。日方负责人听了这段话后，随即向中方道歉，影视城就这样完整地保留下来。

中方谈判的成功，应该归功于创新思维。按照常规思维，中方只能恳求日方不要烧掉影视城，但是阻力很大。但是，当中方打破思维定式，从假定允许日本火烧影视城，那么在此过程中，我们又能迎来哪些机遇呢？将眼光放长，将视野放宽，事件的多重侧面就呈现了出来。从这个新的角度来跟日方谈判，变被动为主动，化风险为机遇，最终赢得了谈判的胜利。这就是侧向思维带来的思维创新。

第四，学会类比思维。类比思维就是建立在类比基础上的思维方法。类比是在创新活动中把陌生的东西和已知的东西放到一起进行比较，由此及彼、由表及里，可以提供一些思路，提供一些设想，最后起到举一反三、触类旁通的作用。比如飞机就是当时受到小鸟飞翔形态的启发而发明的。

说起小米手机，大家都很熟悉。之前，在很长一段时间里小米手机没有实体店，一律网上销售，一时间，要买到小米的新“出栏”手机必须“抢购”“闪购”，一直被外界认为是“饥饿营销”，这也是一直以来贴在小米身上的最重要的标签之一。其实，这与我们身边极受欢迎的小餐馆的经验何其相似？越是排着长队等待，越是觉得那一碗面、那几个小菜特别好吃，越是上瘾。假如哪一天老板把餐馆搬进宽敞明亮的厅堂、饭菜立等可取，很快就会鲜有人来、门可罗雀。这已经是实践所证明了的。

“保持清醒，控制欲望，控制节奏。”谁说小米不是受了小餐馆经营的启发，运用类比思维进行联想创新呢？

第五，学会灵感思维。灵感思维也叫领悟思维法，就是突然显现的对解决某一问题的创造性的设想，是突发的、突然而来的。一些文学家、艺术家在创作的时候常常会有灵感出现。爱因斯坦也说过，我相信自觉和灵感。爱迪生曾说，天才就是百分之一的灵感，加上百分之九十九的汗水。这些都说明了灵感的存在。

因此，当遇到难题时，尝试着从事绘画、音乐等使用右脑的工作，或者与搞艺术的人在一起聊一聊，可能会有所帮助，体会“文章本天成，妙手偶得之”的顿悟。

3. 激活思维潜能

创新思维培育需要激发潜能。每个人的思维都天然具有创新思维潜能，利用这种优势，人人都可以创新。有研究表明，人们平时经常用到的大脑细胞仅是其总量的 10%，而剩下的 90% 还处于空闲的状态。如果我们能通过科学开发，激活这些空闲脑细胞的潜能，使更多的脑细胞发挥积极作用，我们的创新能力就可以有很大的提高。

激发潜能首先需要激活自我，需要出色的意识品质、创新的激情和热情。

领导人才不仅要激活自己的潜能，还要创造氛围，引导组织协同创新。真正的领导人才不仅自己是创新者，而且还要尽一切努力找出并任用组织中其他的创新者。积极营造良好的环境，在这个环境中，传统的智慧可以受到挑战，错误也是受欢迎的，而不是尽量避免的。但这种错误不是那种有意而为的故意的错误，而是在工作探索中出现的失误，因而组织要有为担当者、创新者所犯错误提供一个保护机制，创造一个良好的创新环境。

领导活动的伟大实践永无止境决定了领导人才思想观念的更新也永无止境，而新的思想观念的更新离不开创新思维。因此，领导要不断摒弃不合时宜的旧观念，努力以思想认识的新飞跃打开工作的新局面。

五、培育心中有格的法治思维

党的十八大报告提出，要提高领导干部运用法治思维和法治方式深化改革、推动发展、化解矛盾、维护稳定的能力。这是历次党代会报告中首次要求干部要用“法治思维”来治国理政，党的十八届四中全会决议通过了《中共中央关于全面推进依法治国若干重大问题的决定》进一步阐述了法治思维在国家治理中的重要作用。党的十八届六中全会以法规的形式通过了《关于新形势下党内政治生活的若干准则》和《中国共产党党内监督条例》，要求领导人才要善于运用法治思维来推动改革发展，破解社会管理难题，提高社会管理创新水平，这也就决定了养成和坚持法治思维是领导人才的必修课。

（一）明确法治思维的要义

1. 法治思维的内涵

领导人才的法治思维是指领导人才以法治观念为基础，运用法律规范、法律原则等对有关问题进行综合分析、判断、推理的理性认识过程。对于我国领导人才而言，领导思维是应依照全面依法治国理念，在行政管理过程中体现法律至上，将法治要求和法律规定全面贯彻的思维方式。

法律至上就是把法律摆在首要位置，并把它作为一切领导工作的准绳。无论是被领导人才还是领导人才，特别是高级领导人才，必须崇尚法律、尊重法律、遵守法律，任何行为都不得违反法律的规定和精神。

法律至上思维的前提是宪法至上意识。宪法是国家的根本大法，国家权力的来源、结构、范围及其活动原则及程序都由宪法来确定。领导人才必须在宪法规定的范围内活动，不得超越宪法，以权代宪，那些离开宪法的法律至上的谈法不过是虚假的口号。因此，领导人才坚持法律至上的思维就首先要坚持宪法至上的思维，不能把权力置于宪法赋予公民的权利之上。

2. 法治思维的价值

法治思维的价值对领导人才而言在于为其从事领导活动保驾护航。这一点可以从两个方面来理解：一方面，法治思维帮助领导人才在领导活动中依法办事，在做事的时候不再主观臆断，而是循章办事，能更加科学有效地完成领导活动，实现组织目标，推动社会发展；另一方面，领导人才只有拥有了法治思维，进而才能有底线思维，在其企图利用职权做不利于人民利益、有损社会稳定的事时，能意识到自己一旦触碰了法律的底线，就会受到法律的制裁，进而主动自觉地规避徇私舞弊、贪污腐败等违法乱纪现象的发生，也使自己免受党纪国法的惩治，保障自己的人身自由和政治生命不受负面影响。

更为重要的是，当下为数不少的领导人才在工作中仍然存在比较严重的法律意识淡薄问题，领导人才强化法治思维将对建设长期稳定的和谐社会和社会主义现代化法治国家有着重大意义。学法、用法、守法不仅是现代社会对每个公民的要求，也应是对每一个领导人才切实能够正当行使权力提出的迫切要求。领导人才只有做到法无授权不可为，自觉地将权力关进制度和法律的笼子里，才能切实提高工作水平，使作出的决策更加科学合理合规，从而保证领导目标如愿如期顺畅地实现。

（二）把握法治思维培育的途径

法治思维源于人们内心对法治的真诚信仰、源于对权利的切实尊重、源于依法行事的法治实践。因此，培育法治思维，信仰、敬畏和信守法律是最为有效的途径。

法治概念的最高层次是一种信念，相信一切法律的基础源于对人的价值的尊重。当代美国最具世界影响力的法学家之一哈罗德·J. 伯尔曼（Harold J. Berman）在其著作《法律与宗教》中指出，没有信仰的法律将退化成为僵死的教条，而没有法律的信仰将蜕变成为狂信。法治就是最大限度地把良法的精神散布在人民中间，这也是立法机关的义务。如果民众对权利和审判持漠不关心的态度，那就谈不上法治思维。因此奥地利法学家埃利希（Eugen Ehrlich）在其著作《法社会学原理》中说，在当代以及任何其他时代，法发展的重心不在于立法、不在于法学，也不在于司法判决，而在于社会本身。

法律必须被信仰，否则形同虚设。领导人才培育法治思维必须要从信仰法律做起。

法律的创制者给我们的不是一张蓝图，而是一个罗盘。从法律在一国出现之日起，其意义就超越一部法律为社会带来的实际影响力。法律不仅仅是规范政府及社会公民行为的一部准则，更应该上升到一种精神层面的信仰上来。这样才能在每个政府官员、社会公民心中产生强大的约束力和引导力，使政府能够合法合理地使用权力、有效避免权力滥用，使公民能够有依据地维护自身的合法权益以更好地行使公民权。

当下，虽然我国法律体系已经形成，但因历史上曾长时期处于封建专制的统治时期，“人治”思维即便在今天仍旧影响着部分人的观念和生活，在解决问题时往往强调个人的、非规范的方式。忽视民主与法律的决策方式还一定程度地存在，而且越是地理位置偏僻、地方经济困难的地区这种现象越明显，其根源就在于一些地方的领导人才并未对法律产生深刻的认识，更遑论信仰。法治思维源于人们内心真正的信仰，而信仰来自人们对法律的尊重、来自对法律的学习、来自以法治思维行事的法治实践。因此，培育法治思维需要一个多方发力的组合拳。

1. 尊法

强调法治思维，就是要让领导人才遇到新的社会问题时，首先想到的是用法律的方式和合法的手段来寻求问题的最优解，而不是通过其他方式干涉民主决策。用法律的方式解决一切社会问题的思维必须被坚持，以期在决策机构内部率先形成信仰法律的良好风气，有助于科学、民主决策的进行，从一定程度上提高政府的公信力，推进法治政府的建设。

信仰法律就要培育尊法的意识。领导人才要想培养法治思维，需要做多方面的能力，其中，培育对法律的尊重是前提。尊法就是尊重法律的基本价值和精神，从而在内心形成崇尚和坚守，在生活中按照法律自觉规范个人的言行，尊法是一种自律，能够体现人的境界。简而言之，我们要让法律成为这个国家的政治信仰。所有违法犯罪的人，包括领导人才，最初都是从不把法律当回事，缺乏对法律应有的尊重和敬畏开始的。

孟子曰："徒法不足以自行。"法律规定仅仅停留在纸面上是没有意义的，只有得到彻底的遵守和奉行，法律才真正具有生命力。领导人才要带头养成自觉遵守法律规定的思维，使之内化。这就需要领导人才首先在意识中树立守法意识，坚决杜绝违法乱纪的思想出现，要以"清正廉明"的原则严格要求自己，自觉以人民公仆的角色来约束自己的思想和行为，一刻也不忘记全心全意为人民服务的宗旨。

2. 学法

黑格尔说过，法律的真理知识，来自立法者的教养。这句话讲得很有道理。真正的信仰，不是盲目崇拜，而是在深入学习并理解的基础上对真理的拥抱。要培育法治思维，也要在尊重法律的前提下带头广泛而深入地学习。首先，要系统地学习法律体系，法律是发挥体系化作用的强力机器，没有对法律知识的全面了解就不可能真正学习好法律，也就不可能形成完善的法治思维。其次，领导人才要重点学习与自己工作密切相关的法律知识，选择出对自己岗位直接相关的具体法律深入地研读。在掌握大量法律的前提下，必须能够分辨出哪些是自己履行职能担当责任所必备的法律知识来学深学透。

学法的最高境界，不是把自己变成法律的复读机，而是把法律知识内化为自己的智慧。法国哲学家帕斯卡曾经说过，智慧胜于知识。在某种意义上，知识更多时候是“鱼”，而智慧则是“渔”。这里的“渔”是钓鱼的本领，而是钓鱼的智慧：多大的鱼可钓，多大的鱼要放掉，这是一种智慧，如同确定法制的适用范围；什么时候钓鱼，什么时候休养生息？如同选择何时来修订法律法规？直钩钓鱼还是曲钩钓鱼，如同启用规矩、纪律还是启动法律。爱迪生曾说过，智慧的可靠标志就是能够在平凡中发现奇迹。在利益交织的全面深化改革背景下，领导人才不仅要学习和掌握法律法规的具体内容，而且要理解和把握其精神实质；不仅要学习牢记法律知识，还要本着法治的精神。通过学习和践行法治，及时发现其中过时、落伍的内容加以修订，避免其异化为恶法而侵犯法律的神圣。

3. 守法

守法就是恪守法治的要求和准则，就是要敬畏法律，遵守法律。敬畏是人类将自己置于某种事物之下顺服其管理、畏惧其惩罚的态度。敬指的是尊重恭敬，畏指的是心存恐惧。

唐太宗李世民说过，每出一言，行一事，必上畏皇天，下惧群臣，天高听卑，何得不畏？明太祖朱元璋对“畏法度者乐”极为赞同，大力实施。20 世纪 20 年代德国的一位名叫基希曼的检察官曾经指出，立法者三句修改的话，全部藏书就会变成废纸。程序是法治和恣意而治的分水岭。邓小平指出，“共产党员谨小慎微不好，胆子太大了也不好，一怕党，二怕群众，三怕民主党派，总是好一些”。这些论述都说出了为官做人须心怀敬畏。作为领导人才，不把纪律当回事，难保自己不出事；不把法律当回事，早早晚晚要出事。

遵守法律，要求领导人才依照法律规定行使权力和权利以及履行职责和义务来实施领导活动。在中国特色社会主义的中国，领导人才同其他组织和个人一样，都必须是守法的主体。这是由我国《宪法》作出的明确规定。领导人才在走上法律所规定的职位、行使法律所赋予的领导权限的同时，必须严格履行法律所规定的义务，承担组织规定的职责。领导人才要带头守法、坚决护法，维护法律和制度的严肃性，维护他人和组织的合法权利，坚决摒弃和反对权大于法、以言代法、选择性执法问题，尤其是在涉及自身利益时，要做到自律自省、遵章守纪，不搞特权、不搞潜规则。要按照中央的部署，进一步推动政务公开，自觉接受社会和公众监督，以公开透明来强化自身的法治思维。

4. 用法

“法令既行，纪律自正，则无不治之国，无不化之民。”这是作为公正廉明代表人物的“包青天”包拯的名言，阐明了法律执行对于法治的重要性和关键性。以知促行，以行促知，知行才能合一。法律的生命力就在于实施，权威也在于实施。所以，培育法治思维，不仅要求领导人才在实际工作中尊法学法，还要在实践中懂法用法，养成用法治方式处理问题化解矛盾的习惯，带头弘扬社会主义法治精神，以实际行动引导全社会自觉依法维护权益，自觉履行法定义务。

各级领导人才在实际工作中用法，首先，要坚持依法行政。无论是决策、执行，还是解决矛盾、推动发展、深化改革，都要不断审视行政行为的目的、权限、内容、手段、程序是否合法，自觉做到“有法可依、有法必依、执法必严、违法必究”。应该着力按照已经制订的清单行事，并适时科学调整权力清单和责任清单。将权力关进制度的笼子里，保证权力在阳光下运行。其次，要保证公正执法公正司法。培根在《论司法》中说过，一次不公的裁判比多次不平的举动为祸尤烈。因为这些不平的举动不过弄脏了水流，而不公的裁判则把水源败坏了。司法腐败是危害最大的腐败，是压垮政府公信力的最后一根稻草，领导人才要坚决抵御和打击司法腐败，推进司法体制改革，提高司法公信力，让法律真正成为维护社会公平正义的最后一道防线，让全社会充分相信法律、依赖法律，从而倒逼领导人才法治思维的深化。

C H A P T E R 0 6

第六章

领导人才心理论

现代领导活动具有复杂性、紧张性、快节奏、高风险、强压力的特征，这些特征对领导人才的心理素质提出越来越高的要求。因而领导人才应不断加强心理品质的修养，摆正自己的位置，严于律己，宽以待人，心境明朗，情绪稳定，脚踏实地，做到工作井井有条、活而不乱、团结协调、目标明确。说到底就是领导人才应始终保持心理健康，具有良好的心理状态和社会适应能力，以积极、有效、平稳的心理状态应对自己以及周围环境的变化。

心理健康是影响领导者身体健康的重要因素，更是领导者应对竞争、成就事业、获得幸福的基本保障。因为心理健康有助于充分发挥身心潜能、获得人生快乐、实现理想追求，与他人和社会保持和谐稳定的关系。尤其领导人才作为特殊的群体，是否有良好的心理健康水平意义更加重大。美国心理学家吉伯（C. A. Gibb）把心理健康看作领导者应具备的七项重要品质之一，即“善言辞、外表英俊潇洒、智力过人、有自信心、心理健康、有支配他人的倾向、外向而敏感等”。可以说，心理健康是合格领导人才的重要标志，同时也是积极投身于工作的前提，更是取得工作成效的内在品质要求。而且在领导活动实践中，领导者的心理健康状况，直接影响着其领导行为，影响组织的发展、社会的稳定，甚至影响国家的前途命运。

因此，作为领导人才，要想能够处理好与他人、组织、社会和自然的关系，应自觉加强自身的心理品质修养，尤其应在以下五个方面有所作为。

一、宽容豁达

随着社会的发展，未来领导者领导行为的实施，更多地将不是靠行政命令、靠权威，而是靠影响力、靠有效引导、靠领导者内在的素质和修养，而宽容豁达则是其中一个重要方面。它要求领导者以宽容的心态对待组织和外界的任何变化，以豁达的胸襟应对一切问题和挑战。宽容豁达的领导者能以天下情怀和恢宏气度看待一切。尤其对组织内部而言，领导者有了宽广的心胸，就能因势利导、循循善诱，尊重别人的人格和劳动，真诚待人，以真心换取真心，使自己更加被信任。豁达的心胸还能使领导者协调好各方关系，团结不同性格、不同能力、不同年龄、不同意见的人合作共事，从而使同事和下属心中充满阳光和感动。因此，作为领导人才应坚持自觉养成宽容豁达的心理品质，重点从以下三个方面着手。

1. 心胸开阔、宽容大度

心胸如海是领导者应有的涵养。豁达是一种博大的胸怀、一种洒脱的态度。豁达的领导者对人对事总是能够宽容大度，能够从善良的动机出发关心别人，扬人之长、谅人之短、念人之功、容人之过，能够团结包容不同意见的人，甚至团结反对过自己且被实践证明反对错了的人。在这方面有许多典型的案例。比如廉颇负荆请罪的佳话，据史料记载，战国时期的蔺相如，他因完璧归赵和渑池会护驾有功，被赵王重用，官拜上卿，位居大将廉颇之上。而廉颇心里很不服气，扬言要当众羞辱蔺相如。蔺相如知道后并没有与他争高论低，而是采取了处处忍让的态度，并对为之不满的门客和下属晓以大义：国家安危高于个人恩怨，将相和睦才能抵御强秦。结果廉颇知晓后深受感动，于是负荆请罪，使矛盾化解而变得和睦融洽。可以说，蔺相如的博大胸襟和恢宏气量对矛盾隔阂的化解起到了关键性的作用。

在日常工作生活中，作为领导者应时刻提醒自己，要能容人容事，主要应做好两个“容”：一是“容言”。允许别人讲话，甚至是反对自己的言论，无论是顺耳之言，还是逆耳之言都应积极听取。真正的领导人才，能够在思想上随时准备承受责难和非议，对于他人的反对意见或尖锐的批评，即使不够正确，也不会火冒三丈、声色俱厉。作为领导者应有克制自己情绪的能力，对责难和非议不能怀恨在心、伺机报复。二是“容过”。领导者当以“宽”为怀，对下属的一般过失要善于包容，“人非圣贤，孰能无过”，要能用人所长，容人所短。即使下属有了严重的过失，领导者也应该给其辩解的机会，冷静分析其错误的根源，给予其改正的机会，坚持从道义上教育、从情感上爱护，而不是一味地训斥苛责。而对于工作中一些不以下属意志为转移的错误，领导者应勇于承担责任，为其担当，与下属一起总结失败的经验教训，给下属以信心和鼓励。

2. 淡泊名利、正视人生

宽容豁达是面对人生的无私坦荡，它是领导者能够赢得拥戴与追随的极为重要的个人品质。要能切实拥有这样一种品质，领导者需要提升两个方面的认识。

首先，正确认识自己。对自身的优点、缺点应十分清楚，并不断完善自我，清醒认知自己的位置，不争名夺利、不争功诿过。能善待自己，热爱生活，珍惜拥有，知足常乐。合格的领导者应有服务意识，应立志做大事而不是立志做大官，应多做贡献少争待遇。时刻提醒自己努力做到见利思义、先义后利，即使有再大的权力和物质利益的吸引，也要有清醒的自我认知和顽强的自控力，自觉驾驭自己的情绪情感，做到心底无私、光明磊落。

其次，正确认识现实。领导者对周围的环境应有清醒的认识，要用理智的态度对待现实生活中的各种问题。特别是当今时代，一部分人将享乐主义、拜金主义奉为时尚，自私利己行为处处可见，种种不和谐因素影响着社会大众的人生态度和价值选择。作为领导者必须有正确的是非观念、价值标准，深刻认知人生的价值在于奉献，在于对国家、社会和他人尽责任、尽义务、尽心尽力。领导者要追求高尚的人生目标，树立积极进取的人生态度，并适时对周围的人给予正确的世界观、人生观、价值观的引导，勇于肩负国家民族赋予的历史责任。

3. 思想通达、顾全大局

宽容豁达是一种开放的心态，是遇事想得开、过得去、拿得起、放得下，不主观臆断、不狭隘片面。作为领导者，追求思想通达、顾全大局，就是要在处理问题时思想开明，实事求是，不想当然；对工作中遇到的各种问题以务实的态度对待，能做到讲道理而不认死理，小道理服从大道理。坚持对的、摒弃错的、校正旧的、创造新的，同时又要力求顺其自然，不过度，不强求。

合格的领导者立身处世应做到坚持从大局出发，把领导活动的出发点和着眼点放在全局和整体利益上，能立足当前、预见未来，站得更高、看得更远。在自身实际工作中，善于抓住主要矛盾，解决主要问题，同时又能照顾到具体工作的具体环节，不疏忽细节。作为领导者，切忌只见树木不见森林，只顾眼前利益、只注重局部问题，而不顾大局、不顾长远，对蝇头小利、口腹之欲津津乐道。作为领导人才要能准确预见全局发展趋势，并有效加以把握，甚至在必要的时候能牺牲个人利益以顾全大局，这样的领导人才将受到下属的热烈拥戴与敬重。

二、亲切随和

亲切随和是领导人才必备的心理品质，表现为平易近人、和蔼可亲，微笑面对他人。这一心理品质有利于领导者与他人建立一种和谐的人际关系。较好的人际关系能使领导者从中获得更大的信任与心理支持。心理学研究表明，人有普遍的社会安全感需要，这种安全感的本质是人与人之间真诚的情感联系，是亲切随和的态度。在工作中创造亲切随和的氛围，能够更好地提高工作效率。因而，美国哈佛大学心理学教授乔治・埃尔顿・梅约（George Elton Mayo）提出，一个新型的领导者应该具备解决技术经济和处理人际关系两种能力。组织中的人际气氛不仅影响领导的心理健康，也影响员工的心理健康。因此，领导者应注重培养塑造亲切随和的心理品质，并从以下三个方面着手。

1. 融于人际沟通

有效的人际沟通讲究的是尊重、亲近、真诚、融洽。领导者亲切随和的心理品质主要应体现在人际沟通之中。反过来说，亲切随和的心理品质也需要在人际沟通中加以养成。当今时代，沟通是一种理性和感性的综合交流，它是群体生命的要害。人际沟通更是领导者的重要职能。而有效沟通是养成亲切随和心理品质的最佳途径，因为沟通中需要营造一种相互信任和欣赏的氛围，需要彰显人格魅力。特别是近年来现代组织结构的扁平化趋势和变革型领导力的兴起，对领导者的沟通行为提出了越来越高的要求。领导者在信息沟通活动中表现出的个性风格，体现着领导者人际关系的基本结构与面貌，它不仅关系到组织的凝聚力，而且会影响到员工的满意度及其绩效水平。可见，作为领导者在加强沟通中塑造自身亲切随和的心理品质势在必行。

2. 坚持放收有度

领导者在一些场合应有一种亲切随和的仪态，然而，亲切随和不等于一味取悦下属。作为领导者切不可忘记自己的角色、身份，要审慎地把握自己的言行举止，不能丢弃原则，更不能信马由缰地曲意迎合消极因素，允诺不合理的要求。否则，势必造成领导者的二重性格，削弱其人格力量，使被领导者怀疑领导者在工作中提出的要求的正确性。西方领导理论中的“刺猬理论”，是说冬天刺猬将身上的针状刺靠拢防寒，刺与刺之间仍需要保持一定的距离，距离太小会被刺伤，距离太大又起不到防寒的作用。这形象地说明了上下级之间的交往须把握好一定的“度”。领导者若不亲切随和，必然冷漠孤寂，失去亲和力；但若与下属交往过密，难免流于庸俗，领导者的威信也一定会全然失却。因此，作为领导人才，既要重视与下属加强感情沟通，又要避免被不健康的私人感情所左右。上下级之间应多些“君子之交”，做到交往有度、亲而不腻，使领导者在下属心目中始终保持一种可亲可敬的形象。

3. 提高人生修养

提高自身修养是真正做到亲切随和的必修内功。领导者提高人生修养，从根本上说是树立正确的世界观、人生观和价值观。就培养亲切随和的品质而言，提高自身修养主要应是恪守以诚相待的原则，表现出良好的人格风范，有大度宽容的胸怀，注重与他人交流沟通，积极发展彼此关系。具体地说，就是在处理同级的关系时，应设身处地为他人着想，经常进行思想交流和意见沟通；工作中产生分歧时，注重从大处着眼，用“自让”换“互让”，以获得同级的协作与支持。在处理与上级的关系时，要根据组织的目标和规范，恰当地控制交往的频率和深度，把握好交往的分寸。在处理与下级的关系时，力求做到信任下级，合理授权；协调关系，及时化解对立情绪；宽容揽过，正确对待下级的错失；实事求是，客观评价下级的工作绩效。领导者应多在控制感情上下功夫，提高对心理冲突和挫折的耐受能力，努力做到遇事沉着冷静，能正确对待权力、地位、金钱、名利、待遇、职位等，这是培养亲切随和心理品质的基本前提保证。相反，如果遇事情绪冲动、动辄发怒、言辞过激、狂喊乱叫、大声训斥，只能造成事与愿违的结果，不能使问题得到很好的解决。

三、处变不惊

在 21 世纪的今天，压力和竞争无所不在，组织和社会可能随时面临严重的危机和重大的变故，有时令人眼花缭乱、目不暇接，领导工作有诸多难以预见的因素。作为领导人才，不仅要有智慧，更要有胆识，自觉培养稳定的心理素质，这就是内心强大、处变不惊。

处变不惊是指面对变乱能镇定自若，不惊慌，泰然处之。古人曾讲："为将之道，当先治心。泰山崩于前而色不变，麋鹿兴于左而目不瞬，然后可以制利害，可以待敌。"说的就是领导人才尤其是高级领导人才应该具备处变不惊的心理品质。虽然真正能够做到处变不惊的人是少数，但只要经过努力，人人都可接近它，乃至最终完全拥有这一心理品质。以下三个方面是塑造处变不惊心理品质的重要路径。

1. 培养良好的适应力

领导人才的良好的适应能力，不仅包括对社会大环境变化的适应，同时也包括对自己所在单位的政策及人员调动的适应，更涵盖对工作上突如其来的一些事件的适应。领导人才培育良好的适应能力，就是善于积极调整自己，及时适应环境，要努力做到拿得起、放得下，适应复杂情况的变化，既不沉浸于已经成为历史的过去，也不对现实矛盾耿耿于怀，而是能够审时度势地作出正确的决策，更好地发挥领导水平。

2. 锻造坚强的抗压力

培养处变不惊的心理品质，锻造坚强的抗挫力是关键。作为领导人才，应学会辩证地看待挫折：挫折可能会压垮一个人，也可能成就一个人。中国古代著名思想家孟子的名言“天将降大任于斯人也，必先苦其心志，劳其筋骨，饿其体肤，空乏其身，行拂乱其所为，所以动心忍性，曾益其所不能”，讲的就是苦难与挫折是成就事业的前提条件。事实上，压力和竞争并不可怕，可怕的是领导者临阵惊慌失措、手忙脚乱，缺乏应变能力，不能及时处理发生的危机，不能采取有效的解决办法和补救措施。作为领导人才应多在痛苦中锻炼自己、磨砺自己，只要咬着牙关挺过来，再遇到类似事情，就会处变不惊、从容不迫、处之泰然。因此，领导人才应敢于承受压力、顶住压力，学会在工作中面对压力，针对工作实际状况，冷静理智地寻求对策，争取变压力为动力，沿着组织规划愿景方向稳步前进。

3. 提升情绪的把控力

领导者的任何领导行为都与情绪情感有着密不可分的联系，不同的情绪状态对领导者的心理有着不同的影响。作为新时期的领导人才，在肩负着繁重的工作任务的同时，更面临着一些前所未有的各种错综复杂的工作局面，这就要求领导者必须有自我控制情绪的能力，有足够的勇气承受外界的压力和足够的清醒面对形形色色的诱惑。领导者要在领导活动中学会控制情绪，积极进行情绪调节，拥有稳定健康的情绪状态。情绪理论表明：如果领导者能正确认识自己和他人的情绪，并能控制、调节自己的情绪，就能在很大程度上克制冲动、烦躁、忧虑等不健康心理，使自己情绪不受外界影响，以正常的心理状态适应周围的环境，在重大事件来临或情况突然改变时，仍能沉着冷静，不惊不慌地进行高效的领导工作。

四、意志顽强

意志顽强，往往表现为果断、忍耐、坚定，而且这一心理品质常常是伴随着为实现远大目标的不懈奋斗而展现出来的。俗话讲“有志者事竟成”就含有与困难做斗争并且将其克服的意思。所以，领导人才应具有顽强的意志和百折不挠的精神，勇于克服前进道路上的各种阻力，临危不惧，果断冷静地处理各种突如其来的重大变化。面对压力，坚定信念、明确目标，能够排除各种心理困扰，从容应对各种挑战，而不为周围环境影响和动摇自己的决定。而顽强意志心理品质的养成离不开以下三个方面的支撑。

1. 能够享受孤独

挪威戏剧家易卜生说：“在这个世上，最坚强的人是孤独的，而且是单独站立着的人。”因此，磨炼顽强的意志应首先从享受孤独开始。但这里所说的孤独，不是无所作为的自卑、不是厌世绝望的哀怨、不是失意滋生的忧伤、不是孤芳自赏的清高，这些只能叫无聊，与孤独无关。孤独也不是孤单、不是寂寞、不是空虚、不是挫折，它是心灵充实至极的一种境界，是一种宁静的心境。只有宽厚的人才能承载窒息的孤独；只有开阔胸襟的人才能品尝孤独的美；只有内涵丰富的人才能坦然面对孤独的光顾。在孤独里反思自己、在孤独里超越自我，心灵经过孤独的磨砺，才会更高远、更开阔、更豁达。领导人才要磨炼顽强的意志，就要学会享受孤独，让自己安静下来，审视自己、剖析自己、完善自己，积蓄一种奋进的原动力，推动实现人性的提炼和升华。作为领导者，只有经历过孤独，才能进入高层次的精神境界，才会有超人的成就。

2. 能够忍受屈辱

领导人才能够忍辱负重，主要是指为了完成艰巨的任务、为了生存和更好地发展，能够暂时忍受屈辱，进而承担起重任，建功立业，完成组织的使命。因而有“大丈夫能忍天下之不能忍，故能为天下之不能为之事”的说法。《三国演义》中讲的东吴大都督陆逊火烧连营七百里大败蜀军就是以弱自居、忍辱负重、等待时机、最终取胜的典型案例。

据史料记载，公元221年，蜀主刘备不顾众将军的反对，出兵攻打东吴，以夺回被东吴袭夺的战略要地荆州（今湖北江陵），并为大意失荆州而被杀的关羽报仇。东吴孙权派人求和，刘备拒绝。于是孙权任命年仅38岁的陆逊为大都督，率领5万兵马前往迎敌。次年初，蜀军水陆并进，直抵夷陵（今湖北宜昌东南），在长江南岸六七百里的山地上，设置了几十处兵营，声势十分浩大。陆逊见蜀军士气高涨，又占据了有利地形，便坚守阵地，不与交锋。当时，东吴的一支军队在夷道（今湖北宜昌西北）被蜀军包围，要求陆逊增援。陆逊不肯出兵，并对众将说，夷道城池坚固，粮草充足，等我的计谋实现，那里自然解围。于是，陆逊手下的将领见主将既不攻击蜀军，又不援救夷道，认为他胆小怕战，都很气愤。众将领中有的是老将，有的是孙权的亲戚，他们不愿听从陆逊的指挥。于是陆逊召集众将议事，手按宝剑说：“刘备天下知名，连曹操都畏惧他。现在他带兵来攻，是我们的劲敌。希望诸位将军以大局为重，同心协力，共同消灭来犯敌人，上报国恩。我虽然是个书生，但主上拜我为大都督，统率军队，我当恪尽职守。国家所以委屈诸位听从我的调遣，就是因为我还有可取之处，能够忍受委屈，承担重任的缘故。军令如山，违者要按军法从事，大家切勿违反！”陆逊这一席话，把众将领都镇住了，从此再也不敢不听从他的命令了。陆逊打定主意坚守不战，时间长达七八个月。直至蜀军疲惫不堪，找准时机，利用顺风放火，取得最后胜利。

法国著名作家罗曼·罗兰曾说：“真正的光明绝不是永没有黑暗的时间，只是永不被黑暗所掩蔽罢了。真正的英雄绝不是永没有卑下的情操，只是永不被卑下的情操所屈服罢了。所以在你要战胜外来的敌人之前，先得战胜你内在的敌人;你不必害怕沉沦堕落,只消你能不断地自拔与更新。”领导者心中只要有远大的目标,忍受暂时的苦难和屈辱是无关紧要的。忍受屈辱的能力是领导人才成就大业的重要前提,在某种意义上构成了领导者背后的巨大动力。如果领导者没有忍辱负重这样一种心理品质和精神状态是不可能有大的成就和创造的。内心坚定顽强者才是真正的强者。

3. 能够直面挫折

挫折通常是指在个体通向目标的过程中,遇到难以克服的障碍或者干扰,致使其需要无法满足、动机难以实现,进而产生一种紧张状态或者消极情绪反应。在领导活动的实践中,领导者工作上遇到挫折也是经常的事情,但应认识到挫折的两面性,敢于直面挫折。法国大文豪巴尔扎克曾把挫折形象地比喻为一块石头,认为石头本身是中性的,无所谓好坏,但是对于不同的人就会产生不同的影响。对于强者,它就成为垫脚石,让人站得更高,望得更远;而对于弱者,它就是一块讨厌的绊脚石,令人一蹶不振。所以,挫折也是一把双刃剑,既可为我所用,也可能反受其害,就看握住的是剑柄还是剑刃。认知心理学表明:消极思维引领消极思维路线,导致消极结果,积极思维则正相反,它有助于迅速组织最有帮助、最有价值的信息,并最终引导出积极的结果。这也正是为什么积极思考的领导者最后能突破极限,率领自己的团队,圆满完成艰巨的任务。作为领导者应把失败看作成功之母、看作个人初露锋芒,工作中遭遇的挫折、事业上遇到的坎坷,充其量只不过是想让自己“大器晚成”,最终还是有所馈赠。

五、理性乐观

理性乐观是一种健康的心态。常言道:人生不如意事十之八九。做领导工作也是这样,并不总是一帆风顺的,而且常常可能遇到一些坎坷。但问题是怎样对待，此时具有理性乐观的心态就显得十分重要。所谓理性乐观就是对待矛盾或问题，不是立马表现出沮丧、生气，甚至愤怒，进而一味地沉浸在不如意之中，而是能够从个人的情感或偏见中走出来，借助自己的思维能力对所获得的感觉认知加以思考、分析和总结，经过去粗取精、去伪存真、由此及彼、由表及里的整理和改造，形成概念、判断、推理，通过分析原因、找出症结、看到后果这样一个思考过程，形成理性认知，找到解决问题的有效办法，进而做起领导工作就会更加冷静大度、波澜不惊，以积极乐观的心态去拓展自己和身外的世界。因此，作为领导人才应努力克服自身的非理性因素，尽量成为理性乐观之人。这样无论身处何处都能抛却名利羁绊、挣脱精神枷锁、打破对逆境的恐惧，用豁达开朗的心境面对工作中的困难，并感受到领导工作的乐趣。要达到这样一个境界，力求做到以下三点。

1. 清醒认识自我

美国心理学家密特尔曼 (Mittelman) 认为，充分了解自己，并对自己的所学能作出适当的评价，是成熟自我意识的标准之一。因此，理性乐观的领导者，应有清醒的自我意识，能够了解自身的优势和不足，并能依据自身条件和外界环境确立有益于个人发展和社会进步的工作目标，善于利用每个机会完善自己，促进潜能开发。

2. 保持足够耐心

领导者要善于理智思考，培养耐心。领导者开展工作，有时难免不顺心、不如意的事情随时发生。面对这种情况，作为领导者要能沉得住气、耐得住性子、稳得住心神。倘若工作稍有不顺，就急躁发火、感情用事，会很容易丧失理智，结果往往会把事情办糟，甚至闹出乱子来。现实生活中，有些领导往往以怨报怨，以怒制怒，不仅无助于矛盾化解，反而“酿酒成醋”。由此可见，足够的耐性、稳定的情绪，是领导人才应具备的重要心理品质。只有耐心足够、方寸不乱、情理结合，才能做到“猝然临之而不惊，无故加之而不怒”，理清“乱麻”，解开“疙瘩”，化解矛盾，减少失误。

3. 保持良好心境

作为领导者有时与普通人一样，也有一个心境好坏的问题。对一个人来说，心境好时可能看世间一切都顺心，听蛤蟆叫也觉得是悦耳的音乐；心境差时看什么都闹心，听世界名曲也觉得是噪声。可见，世间的一切无所谓好坏，完全取决于自己的心境。而作为引领群体工作的领导者，保持良好的心境就显得非常重要，因为这关系到组织的发展和周围人的感受。

心境是一种比较微弱、持久、具有渲染性的情绪。好的心境令人喜气洋洋、振奋乐观、朝气蓬勃；心境不佳则使人颓废悲观、灰心丧气，觉得一切都惹人生厌。影响领导者心境的因素是多方面的，比如，个人生活、工作安排、事业进展、健康状况、人际关系等都对心境有着不同程度的影响。尽管良好的心境终究源于成熟的自信和丰富的人生阅历，但心境仍然是可以自我调节的，作为领导人才应自觉地保持良好的心境，心境不佳时要能通过放松自我、转移注意、合理宣泄、自我解嘲等方式加以调整，努力做到积极地管理自己的情绪，适度表达和控制自己的情绪，以更好的身心状态投入工作，以热忱的情绪影响同事和下属，以积极的态度对待一切事物，最为重要的是应对组织的现在和未来充满希望。

CHAPTER 07

第七章

领导人才成长论

领导人才不是天生的，其自身有一个成长的过程，而且有规律可循，即个人自主性开发是基础，组织培养性开发是核心，国家总体性开发是保障。领导人才成长发展离不开这三方的联动，是这三方共同作用的结果。这里仅从个人自主性开发角度来分析领导人才的成长。

一、认知领导角色

领导角色是指领导者在领导活动中应当履行的职责和行为方式。对领导角色的正确认知，是领导人才功能得以发挥的前提，也是处理好领导者和被领导者关系的保证。但领导角色不是一成不变的，随着时代的变化，人们对领导者的角色期待也在不断发生变化。在传统社会，由于经济发展水平的限制以及人们文化素质普遍不高，人们把自己和社会发展的期望都寄托在英雄式的领导者身上，希望领导者可以带来丰衣足食的生活、维持稳定的社会。但到了近现代社会，由于经济的发展和人们文化素质的提高，人们对领导者的角色期待发生了明显的变化，更希望领导者能够引领变革和创新并促进自己的成长。结合时代背景与被领导者的成长需求，以下四个角色是领导者必须认识清楚的。

（一）战略家角色

“战略家”是依据领导者在组织中的职能提出的重要角色，这一角色正是领导者之所以成为领导者，而不是一般的管理者的根本原因。哈佛商学院的教授迈克尔·波特认为，组织领导者的核心角色是战略的制定者：即确定和说明组织的独特地位，作出定位转化，并在组织活动中对外界环境变化作出迅速的反应。领导者必须决定对哪些组织变化和外部需求作出反应，以避免组织混乱，保持组织的地位。在中国共产党领导中国革命和建设的历史长河中，毛泽东堪称是战略家的典范。他不仅具有战略眼光，而且善于研究全局性的战略问题，并作出正确的战略部署，从而将中国革命与建设事业不断引向新的胜利。在他波澜壮阔的一生中，演绎了无数经典战略杰作。在革命战争时期，毛泽东准确地判断中国共产党所处的历史方位和肩负的新民主主义的历史任务，坚信改变中国面貌的唯一力量和唯一办法，就是依靠最广大的人民群众，走农村包围城市的道路武装夺取政权。正是毛泽东在中国共产党队伍中的战略家角色，凭着敏锐观察力、判断力，使中国共产党在领导新民主主义革命中，无论情况多复杂、形势多严峻，都能找到解决问题的根本途径，有效应对各种险阻和挑战。

当下的知识经济时代，是一个战略竞争的时代，领导人才如果缺乏战略远见，是很难在这个瞬息万变、相互影响巨大的时代有所作为的。在中国共产党领导下的中国，领导人才要真正肩负起战略家的角色，就必须重视对现实问题的战略思考，谋全局、想长远，审时度势，制定科学战略，只有这样才能使组织始终走在时代发展的前沿。要实现这样的目标追求，应着重从三个方面下功夫：一是掌握马克思主义基本理论，善于从理性高度把握规律；二是站位要高，顾全大局，有危机意识和前瞻意识；三是拓宽思维空间，从封闭性变为开放性、从求同性变为求异性、从单向性变为多向性，不断提升战略思维能力。

（二）牧羊人角色

“牧羊人”角色是与“领头羊”角色相对应的，是从拉动组织的方式上提出的领导者角色。“领头羊”是指组织当中个人业绩、个人才能较为突出的人，“领头羊”是通过个人业绩拉动组织发展的。而“牧羊人”则是通过引领目标发挥群体的力量和智慧来推动组织的发展。“领头羊”与“牧羊人”的区别在于：“领头羊”只是充当了劳动模范角色，在组织中起带头作用，至于后面的“羊群”是否愿意跟随，“领头羊”是无能为力的，因此“领头羊”对组织发展的拉动力量是有限的。而“牧羊人”则是运用组织的力量来拉动组织的发展。正如明朝的政治家张居所说：三流的人才靠自才，二流的人才靠他才，一流的人才靠组织。人有善用自才者，有善用他才者，而真正高明的人应是善用组织者。中国历史上三国时期的魏明帝曹叡，派遣大将张郃挂帅抗蜀的做法，就是领导者成功扮演牧羊人角色的范例。

公元 228 年，诸葛亮经过充分准备大举北伐。消息传来，魏国震惊。经过反复权衡比较，魏明帝曹叡没有选择自己迎战，而是决定让经验丰富、影响力大的大将张郃挂帅抗蜀。蜀国的统帅是大名鼎鼎的诸葛亮，张郃的权力和威望远不能与诸葛亮抗衡。于是，曹叡隆重地“加命郃位特进”。特进是一种官名，专门授予列侯中有特别地位者，被授者有自辟僚属的大权。张郃戴上了“特进”头衔，威名大震，督率诸军，一呼百应。张郃以其敏锐性发现蜀国先锋马谡在街亭做了山上扎营的错误决定，心中大喜，立即挥兵切断水源、掐断粮道，将马谡部队围困于山上，然后纵火烧山。蜀军饥渴难忍，军心涣散，不战自乱。随后张郃命令乘势进攻，蜀军大败，魏军取得胜利。

可见，领导者清楚把握牧羊人的角色十分重要。这样的领导者目标看得远、心态放得开、人才看得准，能给组织带来更多的机会和更大的发展空间。作为领导者不是仅仅依靠个人才智去实现领导目标，而更多的是要引领他人进而拉动组织发展。

（三）教练员角色

教练员角色是与运动员角色相对应的，是通过对领导者与被领导者在组织地位上的区别提出的领导者角色。相对于运动员来说，教练员的主要任务不是自己如何跑得更快、跳得更高，而是帮助运动员不断提高竞技水平，并在比赛中负责“排兵布阵”，力求最佳战绩。组织中的领导者也是一样，其主要职责是合理配置各种资源，提高组织成员的能力并为其提供必要的支持，进而实现组织的整体目标。赛场和职场之间有许多相通之处，但是也有许多不同。赛场上的教练对自己的角色比较好掌握，一位教练再着急，也不能代替运动员去比赛，因而赛场上的教练只能较好地做到帮助队员改正缺点与不足、给队员以工作上的鼓励和创造进步的机会。然而职场中的领导者与组织成员的关系却并不像教练员与运动员那样有较分明的界限。如果领导者对领导角色的认知不明确，或领导者受个人的一些趋利性想法的影响，很可能会自觉或不自觉地就扮演起被领导者的角色，替被领导者完成任务。这不仅会影响被领导者的成长，而且还会导致领导者与组织成员之间职责关系的不协调，使领导者与被领导者之间形成矛盾或内耗。

三国时期的诸葛亮，在刘备去世后完全掌控蜀国军政大权的情况下，仍事必躬亲的做法就是领导角色定位不准的表现，没有尽到教练员角色的职责。据史料记载，凡是杖打 50 军棍以上的刑罚，诸葛亮都要自己审判，自己监督实施。在军事上，他更是不相信任何人，在举全国之力讨伐魏国这样事关全局的重大问题上，坚持亲力亲为。在战场上，一会儿放水，一会儿放火，战局的瞬息万变让人眼花缭乱。虽然打赢了战争，将士们却不知道为什么要放水、为什么要放火，自然也就不知道这仗为什么会赢。如此下去，诸葛亮把手下的将士全部培养成了工兵，结果蜀国没有一个可以独当一面的将军。其实，在蜀国还是有值得培养的将才，比如魏延。刘备取益州，魏延是先锋；定汉中，魏延是主将。可以说，刘备的地盘有一半是魏延的大刀砍出来的。而魏延在战争中的进步也让人惊叹，从早期贸然出击的毛头小子到后来沉着冷静的三军主将，大将风范已然显现。可就是这样一个将才，到了诸葛亮主政时，也照样被当工兵用，只能干一些诈败之类的活。这直接导致蜀国后来无人可用，而魏国却是人才辈出。后来诸葛亮也意识到了这个问题，开始培养降将姜维。但是，姜维却实实在在是个工兵，其能力与魏延不能比，与魏国的司马氏兄弟以及邓艾、钟会也不能比，最终难成大器，蜀国的败局也因此在劫难逃。由此观之，蜀军败就败在诸葛亮没有担任好教练员的角色，事事充当运动员，结果当他离开后，蜀国出现了领导真空，加速了蜀国的灭亡。

领导人才应准确把握领导角色的认知，担当起教练员的角色，努力培养出合格的代际传承的领导者。

（四）鼓舞者角色

鼓舞者角色是从领导者的心理满足和自我评价方式方面提出的领导者角色。从心理满足和业绩评价上看，领导者不应以自己的成功为成功，而应以他人的成功为成功，是一个能为下属的成功而喝彩的人。这是因为领导活动是群体行为，只有借助于组织成员的共同努力，组织目标才能得以实现。这就决定了领导者的成功寓于组织的成功或他人的成功之中。领导者只有善于给下属机会并及时对下属的成功给予激励，才能充分挖掘下属的潜能和调动其积极性，领导目标的实现才会具备前提条件。相反，如果领导者不能给下属提供成功的机会反而与之抢功，不能及时激励下属反而陶醉于对自己业绩的欣赏，就不会得到下属的支持与拥戴，领导活动的失败也就在所难免。

领导人才作为“鼓舞者”，应想尽一切办法将追随者个人需求的实现融于组织的发展中，将下属的成功视为自己的成功，将下属的失败看作自己的失败或过错，做一个为他人的成功而喝彩的领导者、一个善于激励和开发人才资源的领导者，正所谓“贤主劳于求贤，而逸于治事”，中国古代汉高祖刘邦与西楚霸王项羽就为后人提供了正反两方面的启示。

众所周知，刘邦既无文才，又无武略，有人甚至称其为市井无赖。然而他却在与项羽逐鹿中原的过程中夺得了天下。对于这一点，不少人感到不可理解。晋代阮籍在登高凭吊古迹时，曾发出“世无英雄，遂使竖子成名”的感叹。但是，刘邦真的一无是处吗？当然不是。从领导人才的角度看，他有着项羽完全不具备的领导才能，那就是擅于鼓舞和激励下属。

公元前203年，刘邦被楚军围困在荥阳不能脱身。而韩信大军却凯歌高奏，大破楚军，斩杀楚的大将龙且，占领齐地，锐不可当。正待刘邦等待韩信救援时，韩信却并没有加急进攻楚军，解刘邦之围，而是派人给刘邦送信，请刘邦封自己为齐王。信中说：“齐伪诈多变，反复之国也，南边楚，不为假王以镇之，其势不定。愿为假王使。”“假王”就是代理诸侯王的意思。热盼韩信解围的刘邦看到信时，对韩信不能及时救援有些不满，但刘邦以大局为重，不但满足了韩信想当代理齐王的愿望，而且激励力度更大，他说：“大丈夫定诸侯，即为真王耳，何以假为！”派遣张良为使者，赶赴韩信驻地传达旨意，不用当代理，一步到位，直接封韩信为齐王。韩信大受鼓舞，怀着对刘邦的感恩心情，加快了攻楚的步伐，与彭越等分进合击，很快改变了楚强汉弱的战场局势，导演了兵陈垓下十面埋伏的历史活剧。刘邦正是因为担当了鼓舞者的角色，激发了众多将士的积极性，广揽贤才，才赢得了胜利。项羽则恰好相反，对有功之士不仅不能及时给予必要的奖赏，而且刚愎自用，多疑猜忌，对待将士忘功寻过，往往小过大罚。正所谓“有功者害之，贤者疑之，战胜而不与人功，得地而不与人利，此其所以失天下也”。

由此可见，领导人才只有真正承担起鼓舞者这一领导者角色，激发下属积极性，才能更好地发挥领导职能，进而实现组织的奋斗目标。

二、把握领导对象

正确把握领导对象是领导人才从事领导活动的基本前提。在领导活动中，领导对象指的就是被领导者，即在领导者的组织与影响下，为完成共同目标或愿景而组织起来的群体或个人。对领导对象的具体称谓有多种，有“追随者”“拥戴者”“下属”“被领导者”“群众”和“支持者”，等等。学术界对领导对象最流行的称谓是“追随者”，这意味着他们是领导者的信任者、支持者、服从者、拥戴者，也是领导成果的实现者和分享者。应该说，领导对象的“追随者”这一称谓，对领导人才而言具有重要的启发意义：这就是如何让领导对象这个通常说的被领导者主动追随自己，成为自己的忠实追随者。以下四个方面则应认真加以思考。

（一）准确把握领导者与领导对象的关系

一般来说，在正式组织中，被领导者有两部分成员：一部分是处在组织基层的普通群众，他们不担任职务、不负领导责任，在组织层级中有上级没有下级；另一部分则是处在组织中间层次上的人员，他们既有上级又有下级，相对于下级他们是领导者，相对于上级他们是被领导者。无论在正式组织还是非正式组织中，领导者与被领导者的地位都是平等的，而且其地位、身份是可变的。

尽管被领导者往往是领导者的追随者、拥护者，是领导决策的执行者，但这些只是与领导者的分工不同、角色不同。从本质上说领导者与被领导者之间是一种民主的、自由的、平等的社会关系。被领导者与领导人才的紧密关系主要是由共同的愿景联系在一起的。被领导者追随领导者，主要是追随他们的共同愿景，因而领导者和被领导者之间不是人身依附关系，而是平等的伙伴关系。在领导过程中，如果领导目标符合被领导者的意愿和需求，被领导者可能追随领导者到底；否则，可能放弃对领导者的追随。更为值得注意的是，被领导者与领导者的角色不是一成不变的，在不同的时间、不同的场合、不同的组织中（包括一些同盟性组织），被领导者与领导者的身份也是可以互换的。

（二）深刻理解被领导者对领导者的影响

从本质上讲，领导者与被领导者的关系是一种辩证的矛盾统一体。被领导者对领导者不仅有接受领导和服从的一面，同时也具有影响甚至是左右领导者决策的一面，如果只注重前者而忽视后者则是错误的。但被领导者又是如何影响领导者的呢？以下三种理论阐释具有深刻的启发性。

第一，对抗权理论认为，在领导活动中被领导者同样能够影响甚至改变领导者的决策。一般来讲，在具体的组织活动中，领导者的各种活动必须依赖被领导者的配合才能得以实施，被领导者可以通过自身专长、掌握领导者所必需的重要资源、熟悉组织的规章制度、与领导者关系密切而采取集体行动。但如果领导者的意图与其产生背离，那么被领导者将可能凭借自身优势，与领导者形成一种对抗局面，从而影响或左右领导者的决策。

第二，准备就绪程度理论认为，没有跟随就没有领导。这一理论是由美国学者保罗·赫西（Paul Hersey）、杜威·约翰逊（Dewey Johnson）提出的。准备就绪程度是指被领导者所表现出的完成某一任务的能力和意愿的程度。在他们看来，如果被领导者决定不跟着领导者走，那么不论领导者怎么想、如何改进工作要求、改善工作情境等都无关紧要。这一理论主要是研究如何通过提高被领导者的能力和意愿强化，从而达到改善领导者与被领导者关系、促进领导活动顺利开展的目的。

第三，柔性化理论认为，领导者应在组织中推行被领导者自我管理。我国著名领导学研究专家刘峰教授认为，随着人们受教育程度的普遍提高，在领导活动中，领导者与被领导者的整体素质都有了较大提高，领导者对被领导者的领导不能再像以前那样，仅凭简单的硬性要求领导者已经难以培养有效的追随者，而是应该向柔性化领导转变，主要推动被领导者的自我管理，这将是21世纪领导活动的一个突出的特点。这表明领导活动中，领导者与被领导者的关系发生了根本转变。

（三）充分认识被领导者的地位和作用

领导人才有效把握领导对象，充分认识被领导者的地位和作用应该说是一个重要方面，而且最为重要的是作为领导人才应做到“三个清楚”。

一是清楚被领导者是领导活动的基础和动力。被领导者是领导活动中的基础因素，是将领导决策转化为领导实践，最终实现领导目标的基础力量。如果没有被领导者的认同和支持，任何领导目标的实现都是一句空话。此外，任何领导决策都是产生和来源于被领导者的需要和意愿，是整合被领导者共同需要和意愿的结果。因此，领导者的需求和意愿又是组织或群体乃至社会发展的动力。

二是清楚被领导者规定领导活动的性质。尽管被领导者在领导活动中处于被支配的地位，并具有不担任职务、不负领导责任和相对服从的特点，但这绝不意味着可以忽视、低估甚至否定他们在领导活动中的地位和作用。领导活动的性质从根本上说是由领导者代表哪些人的利益、愿望和需求决定的。中国共产党代表中国最广大人民群众的根本利益，因此她就是先进的、革命的无产阶级政党；而那些只代表少数人私利的领导活动，其性质就很难说是正义的。一般而言，当领导者是为大多数人民群众服务时，必然能够赢得人民群众的广泛支持和拥护，其领导活动也必然能够顺利开展；如果领导活动的目标是为少数人服务的，必然会遭到多数人的反对，其领导活动的最终结果必然是失败的。

三是清楚被领导者与领导者相辅相成、相互制约。在领导活动中，被领导者与领导者相辅相成、互为依存，都是领导活动的主体因素。尽管在社会生活和组织中二者的地位不同、观察处理问题的角度不同，但从本质上来说被领导者与领导者的关系不是等级关系，而是相辅相成、相互制约的。虽然从表面上看，领导者在整个领导活动中在影响、率领被领导者，但实际上，领导者在进行领导时，必须深入了解被领导者的情感、愿望和要求，始终都要回应被领导者的价值追求和利益诉求，尽可能让被领导者发挥应有的主体作用。否则，被领导者不可能自觉接受领导者的领导。更为重要的是领导者的权力不仅来自组织的法定权力，还来自被领导者的认可。如果没有被领导者的承认，领导者就会失去合法性，将有权无威，形同虚设。

虽然领导者的职务权力是由上级权力部门委任，绝非被领导者所能完全控制，但领导者职务的任免也不是丝毫不受被领导者的影响。领导者如果忽视了被领导者的影响力，必定难以实现领导目标。当然，成熟的被领导者能够服从自己认可的领导者的指挥，与领导者默契合作，如果被领导者违反自己认可的领导权威的意志，也就是违背了自己的意志。

（四）综合把握各种类型被领导者的特点

领导学注重对被领导者进行分类，而且分类的视角也是多维度的。对被领导者进行分类，目的在于可以使领导者易于甄别各个被领导者群体的归属，把握各个被领导者群体的一般性特点，进而有利于领导者选择适宜的领导方式进行有效领导。因而，作为领导人才只有从不同的维度认识领导对象，才能切实准确地把握领导对象，正确引领领导对象。

首先，从被领导者的进步程度看，可将领导对象分为先进、中间和落后三种类型。在毛泽东等无产阶级革命家的著作中，既把广大人民群众看作推动历史发展的主体，认为“人民，只有人民，才是创造世界历史的动力”，又把人民群众看作被领导者。毛泽东还根据群众的思想觉悟程度，把群众分为先进的、中间的和落后的三种类型，并根据这三种类型的划分，提出了不同的领导方式和方法，核心观点有三：一是善于团结少数积极分子组成领导核心，形成领导工作的骨干力量。在政治上要支持先进、保护先进和帮助先进，不要使先进分子在中间与落后状态的群众中被孤立起来。二是必须照顾中间状态和落后状态的群众，并把争取中间状态的群众作为工作重点，认为只有调动多数群众的积极性才能实现领导目标。三是如果中间状态和落后状态的群众还未觉醒，领导者就要善于去启发他们，并要善于等待他们，这种等待不是消极的等待，而是要善于利用一切适当的、有效的方法去启发群众的自觉性。

其次，从被领导者成熟度看，可将领导对象分为成熟和不成熟两类。美国学者阿吉里斯较早使用成熟度的概念，并对企业中的被领导者进行了分类。他认为，企业中的雇员具有成熟的和不成熟的。不成熟的雇员具有消极、依赖、对工作缺乏热情、行为单一化、目光短浅、缺乏自知之明等特点；而成熟的雇员则表现为积极、独立、对工作的兴趣浓厚、行为多样化、目光长远、自我意识强，等等。阿吉里斯还认为，领导的中心问题是让领导者了解自己的行为方式与雇员成熟度之间的关系，进而改进自己的行为方式，促使雇员从不成熟走向成熟，从而提高组织的绩效。

最后，从被领导者的独立性与主动性看，可将领导对象分为疏远型、顺从型、被动型、典范型、实用型五种类型。这五种类型的划分是美国学者罗伯特·凯利提出的，他从被领导者思维是否具有独立性和批判性，以及被领导者行为的主动性与被动性两个维度进行阐释。

疏远型被领导者的特点是独立、批判性思维与行为的被动性的组合。这种被领导者就像组织进行曲中的“杂音”，总是愿意指责组织目标、政策和过程中的阴暗面，而对积极方面却视而不见。人们都认为他们有能力，但他们太愤世嫉俗，对组织的工作没有尽到最大的努力。他们对自己的看法与领导者对他们的看法大相径庭。他们经常把自己说成具有独立思考能力的标新立异者，具有健康的怀疑精神，是组织的真正良心。而领导者却认为他们经常找麻烦，缺乏合作精神，采取与领导者敌对的态度。

顺从型被领导者的特点是依赖、非批判性思维与主动性的组合。这种被领导者是组织中唯命是从的一群。他们是主动性的，随时准备毫无异议地去执行命令，但他们也是危险的，因为他们执行的命令可能与社会的行为标准、社会发展的大目标相违背。导致这种追随风格的原因，或是因为领导者的苛求和专断，或是因为过分僵化的组织结构。这种类型的被领导者在个性上具有卑躬屈膝和自我轻视或回避冲突的倾向，他们被认为是忠实的工作者和积极的参与者。对于这样的被领导者，领导者应该让其认识到组织需要他们具有建设性的、批判性的意见。

被动型被领导者的特点是看领导脸色行事，如果没有受到领导者鼓动，他们是不会主动去完成某项任务的。他们在完成所分配的任务时没有任何热情，缺乏主动性和责任感，承担任务时需要指导，从不做任何超出本分的事情。领导者经常认为这样的被领导者是其个性所致，认为他们是懒惰的和缺乏动力的。领导者要改善被动型被领导者的工作效率，既需要提高他们的主动性，又需要鼓励他们进行独立的思考。

典范型被领导者的特点是行为的主动性与思维独立、批判性的组合，他们具有合作和创新精神，愿意维护和支持上级领导。他们能够站在每一件事情的对立面来考虑，但又能与人达成共识。有效的领导者欣赏典范型被领导者的价值，这种被领导者对组织的成功具有关键性的作用。

实用型被领导者的特点是很少忠实于组织目标，但懂得不要制造麻烦。他们不想表现突出，所以甘居中游。由于他们难以确定在各种问题上究竟采取什么立场，因此往往表现出一种模棱两可的态度。他们同时具有正面和负面的特征，积极的一面是他们做事恰如其分，知道在组织体系中如何顺利完成任务，执行来自中层管理人员的命令且与更高层次的领导者保持距离，是游戏规则的执行者；消极的一面是他们往往被视为在玩政治游戏，通过交易使自己的利益达到最大化，是忠诚于书面规则而不是归附于精神灵魂的官僚。

当然，还有其他对被领导者进行分类的角度，但不管是什么角度的分类，目的在于使领导者清楚不同类型的被领导者各自具有的不同特点。作为组织的领导者，只有全面掌握了不同被领导者的类型和特点，才能选取更为有效的领导方式引领和影响被领导者，从而最终实现领导目标。

三、适应领导情境

领导活动的研究不是仅仅只反映领导的个人特质和行为，应同样反映那些能影响领导者产生和领导活动效用的情境因素。情境是领导研究的核心内容。

情境是一种客观存在，是某一行为发生的原因、存在的现状以及发展的趋势。领导领域的研究需要更多地关注情境的作用。情境领导理论认为，领导是一个浮现的社会结构，而这一结构则是嵌入在每一个独特的组织之中，领导及其有效性很大程度上依赖于情境。领导作为社会组织中普遍存在的现象，在不同的文化领域内却有不同的内涵，但中西方学者对领导活动研究的核心都是关注在特定的情境中领导者与被领导者之间的互动和影响关系。

（一）认知领导情境

领导情境是指领导活动中领导者、被领导者、情境、目标等要素及发展变化的趋势。

1. 把握领导情景的特点

一般来说，领导情境具有四个特点，即客观性、复杂性、动态性、可塑性。

客观性是指领导情境是独立于领导者之外的客观存在，它不以领导者的主观意志为转移。领导者在工作当中必须采取审慎的、客观的态度去认识和把握情境；复杂性是指领导情境有多层次区分，如内部的、外部的，自然的、社会的，单一的、多重的，有利的、不利的，等等。由于领导活动涉及的因素繁多，而且有时各种因素相互交织，因此使领导情境往往极其复杂；动态性是指领导情境是不断发展变化的，因而关于情境的确定性信息往往不能轻易获得，许多难以预料的、不确定的事情会经常发生。情境的不确定性意味着领导者很难彻底了解情境或预测未来；可塑性是指尽管领导情境是客观存在的，但它是可被认知和改造的。领导者可以逐步认识情境，并在此基础上自觉地适应情境、控制情境，进而实现对情境的改造。既然领导情境不是一成不变的，作为一个领导者，应该根据不同的情境、不同的条件、不同的时间、不同的对象而作出不同的改变，才能取得良好的效果。

2. 把握领导情境的类型

把握领导情境的类型，有助于领导人才更清楚地把握那些直接或间接作用于领导活动的情境因素，更好地调整领导行为，掌握领导活动的运行规律，提高领导效率。

关于领导情境类型的划分有着不同的标准和不同的角度，因而结论也有很大的不同。例如，以领导情境的性质划分，可以分为自然情境、文化情境、政治情境、经济情境、技术情境等；以时间为标准来划分，可以分为传统情境和现代情境；以对领导活动效果的影响为标准来划分，可以为有利情境和不利情境；以领导者可以掌控程度来划分，可分为可控情境、部分可控情境和不可控情境；以组织边界来划分，可以分为内部情境和外部情境。

这里仅就以领导活动发生的组织系统为参照，将领导情境归纳为内部情境与外部情境两大类，力求找出领导情境影响领导有效性的基本规律。这其中应重点关注以下三个问题。

一是内部情境。内部情境是指组织内部对领导活动产生制约和促进作用的各种要素之和。内部情境对领导活动的影响最为直接，与领导活动的方式和功效密切相关。美国学者弗雷德·菲德勒在《权变模型——领导效用的新方向》一书中认为，内部领导情境包含三个关键的方面：职位权力、任务结构、领导者与被领导者的关系。其中职位权力是指领导者拥有的权力变量（如聘用、解雇、训导、晋升、加薪等）的影响程度；任务结构是指工作任务的程序化程度；领导者与被领导者的关系是指领导者对被领导者信任、依赖和尊重的程度，这三者的关系决定了领导者采取什么样的领导方式，最终选择什么样的领导风格，以实现领导绩效的最大化。此外，内部情境还包括组织的性质与类别、组织的物质基础以及领导者特质等。组织的性质与类别制约着领导方式的选择、领导活动的展开。如在政府部门与企业，其领导行为及目标存在极大的差异；在公有制企业与民营企业，其领导行为方式的选择也存在较大的区别。组织的物质基础对领导者的领导意图、领导活动的开展起着十分重要的作用。组织的物质基础好，领导活动在实施领导意图、开展领导活动中就会有比较好的条件；同时，也对组织文化建设和领导权威的树立有着极大的促进作用。

二是外部情境。外部情境是领导活动中所有能直接、间接影响领导行为或领导过程的外部因素的总和。外部情境的时间跨度大、空间范围广，从整体上影响领导活动的性质和方式。外部情境主要包括自然情境、政治情境、经济情境、社会情境、文化情境等。政治情境是指领导者进行行为选择时，可能面对的总的政治状态，它总是与一个国家的政治传统、政治文化和政治权力结构联系在一起的，其中包括政体类型、国家政治稳定性、对外政策、国家安全、法制情境等。政治情境可以给领导者和组织带来机会，但是也能限制个人和组织的权限。领导者及其组织或群体在面对政治情境所施加的压力和提供的机会时，就要遵守政治规则和利用政治情境中的有利因素。经济情境是领导者及其组织或群体面对的，包括整个世界经济格局与运行状态以及一个国家或一个地区的经济体制、经济结构、经济发展速度、经济总量等诸要素的总和。经济情境深刻影响着领导者有效领导的能力和组织的战略选择。依据经济情境随着时间变化难以确定的特点，领导者要及时灵活地选择和调整组织的战略方向。社会文化情境主要体现在文化传统、社会心理、意识形态、个人价值观念等方面。社会文化对组织中的领导者和被领导者的价值取向和行为起导向作用。虽然社会文化的导向作用不同于权威命令，但它对个体心理的影响和压力比权威命令还要大，社会文化可以通过顺从、同化、内化迫使组织成员违背自己的意愿，完全转变其态度和行为。

三是内部情境与外部情境的关系。任何组织都处于内部情境与外部情境相互作用的动态过程中。一般地说，组织的宏观指导思想和总体战略受外部领导情境的影响和制约，而领导活动的具体规则、行为方式和策略思想则受内部领导情境的影响和制约。但有时也并不绝对，组织的宏观指导思想和总体战略也受组织的内生性需求驱动；领导活动的具体规则、行为方式和策略思想在外部大情境的推动下也要有所改变。内部情境与外部情境既是相互依存的，又是相互影响、彼此制约的。一般来说，二者之间的关系主要表现为以下两个方面：一方面是外部情境对内部情境会形成压力和制约。组织若要保持旺盛和持久的生命力，就必须不断地发展和变革。外部情境的压力和制约往往成为组织革新的动力源，成为组织自觉优化和内部改良情境的力量驱动。另一方面是内部情境对外部情境存在适应和抵制的两重性。外部情境虽然在一定程度上规定了内部情境变革的内容和方式，但二者的转变并不总是协调一致的。内部情境对外部情境既可以表现出适应性，也可以体现出某种程度的抵触性。例如，领导者为了防止组织内部既得利益不受损失，会将外部情境的影响抵挡在组织边界之外，以免引发与领导者意图相违背的变化。

（二）把握领导情境与领导活动的内在关系

任何组织都是一个开放的系统，领导活动既要受到内部情境的制约，也要受到宏观情境的影响。研究领导情境的真正意义在于：正确认识领导情境与领导活动的相互影响和作用，探索有效实现领导目标的规律和途径。领导情境与领导活动的内在关系主要在于三个方面：

一是领导情境是领导活动开展的基础。领导情境为领导活动提供了载体和前提条件，领导者与被领导者的矛盾运动，以及他们结合起来共同进行的改造客观世界的活动，都有赖于一定的情境。离开了具体的领导情境，领导活动就失去了存在的可能性。

二是领导情境影响领导活动的成败。领导情境对领导活动的影响既有有利方面，又有不利方面。有利的领导情境能使正确的领导决策得到强化，从而有利于领导目标的实现；不利的领导情境能阻碍正确领导行为的实施，妨碍领导效能的提高。领导者只有依赖于情境，将情境作为领导工作的客观依据，认识它并掌握它的发展规律，不断地变不利因素为有利因素，才能取得领导工作的成功。

三是领导情境影响领导方式的选择。领导情境对领导方式的选择也具有重要影响，不同的领导情境，会产生不同的领导方式。传统社会的领导方式不同于现代社会的领导方式；战争时期的领导方式不同于和平时期的领导方式；工商企业与公共领域的领导方式具有很大差别；基层领导与高层领导的领导方式也不完全相同。领导者只有根据不同的情境特点，选择灵活多样的领导方式，才能取得领导工作的预期成效。

（三）强化领导活动对领导情境的运用和改造

领导情境一方面是领导活动的客观平台和载体，另一方面也是领导活动的作用对象。领导活动正是领导者与被领导者共同作为实践主体，在认识和改造社会情境的过程中将人类社会不断向前推进。随着经济全球化和知识经济的汹涌而至，组织边界进一步模糊，对于情境的变化和对于未来的关注都变得尤为重要。正如马克思在《共产党宣言》中所讲："一切固定的古老关系以及与之相适应的素被尊崇的观念和见解都被消除了，一切新形成的关系等不到固定下来就陈旧了。""人们终于不得不用冷静的眼光来看待他们的生活地位，他们的相互关系。"在当今潜藏危险的同时也涌现出许多新机遇的不确定的情境里，组织如何走出困境、规避风险、求得生存、取得繁荣，是每一个领导者都必须面对的课题。这就要求领导人才努力做到两点：一是在认识和熟悉领导情境的基础上，根据客观情境的特性和要求，采取适当的方式、方法开展领导工作，使领导活动符合领导情境的情况及发展规律。二是在认识情境、适应情境的基础上，通过发挥主观能动性，促使情境条件向有利于实现领导目标的方向转化，最终实现领导情境的优化和创新。具体地说就是，在适应领导情境方面做好"两个善于"。

1. 善于认识领导情境

虽然领导活动诸方面均受制于具体情境，但这并不意味着领导者在领导活动中面对组织所处的情境完全被动、毫无作为。领导人才可以充分发挥主观能动性，辨识内、外情境现实状况和发展势态，探究组织所处情境发展变化的规律和特点，充分调动组织成员的积极性和主动性，努力创造一种全新的情境条件，从而在一定程度上实现领导情境的创新和改善。

作为领导主体的领导者和被领导者，要想在领导活动中实现领导效能和追随价值，必须具备一种营造和改善领导情境的能力，而这种能力首先表现为对情境的认识上。领导情境固有的复杂性、动态性、风险性等特征，要求领导主体不仅要时刻保持一种情境意识，即注意领导活动所依托的内外情境变化发展的特点、规律和趋势，以及对领导活动产生的各种影响，而且要通过认真深入地调查和研究来正确明晰地认识情境，及时发现和分析情境中的有利因素和不利因素，以便在领导活动的开展过程中趋利避害，做到游刃有余。这就要求领导人才和被领导者对周围变化着的情境具有高度的敏感性和敏锐的洞察力，树立一种客观的、全面的、系统的情境观念，不断增强其情境意识，提高应变能力，对情境因素的各种突发性变化做好充分的心理准备、物质准备和策略准备，进而因地适宜地适应复杂的、变化发展的领导情境，以做到临危不乱、从容有序。

君子谋时而动，顺势而为。有效利用领导情境中的各种有利因素和条件，要求领导人才关注情境的变化，根据周围情境的客观性和动态性，研究客观情境对领导活动的要求，不断改进领导方法，采取适宜的、科学的、有效的方法开展工作。与此同时，还应与情境始终保持一种良好的协调关系，使领导者、被领导者与领导情境、领导内部情境、外部情境，保持协同一致，努力发掘情境中一切有利因素和条件，扬长避短，因势利导，抓住机遇并积极利用有利因素，避免一切不利情境或有利情境中的不利因素，这样领导活动的展开才能做到有的放矢。

成功的领导人才不会墨守成规、抱残守缺。他们会站在时代的前沿，用高瞻远瞩的眼界来审视未来，他们会积极主动地去探索和研究未来的情境和情势，分析其中一些不确定的因素，在一定程度上规避这些不确定因素所带来的风险，从而将组织引向正确的方向，最终实现领导目标。

2. 善于改造领导情境

在领导活动中，有时领导者和被领导者面临的现实情境条件较为复杂，往往蕴藏着一些不确定的潜在风险，甚至随时会产生一些不利因素，给领导活动的有序展开带来诸多负面影响。面对不利的现实情境，领导者要正视和接受现实情境，但不是被动消极地接受与应付。领导情境具有可塑性，领导者和被领导者虽不能按照主观意志随意选择情境，但能在认识和适应情境的基础上改造和优化情境。具有卓越领导力的领导人才不仅能够准确认识和把握有利情境，抓住机遇实现领导目标，而且能够在不利情境中表现得从容自如，积极应对不利情境带来的风险，引导和改造不利情境，变不利情境为有利情境，创造和优化新的有利情境，使各种情境因素为我所用以实现领导目标最优化。

因此，现代领导者要想获得成功，就必须重视自身领导力的开发，不断活化领导方式，增强自身综合素质，改造和优化一切可利用情境，使领导活动在和谐统一的领导情境中有条不紊地进行。改善领导情境主要包括：一是改造政治生态，领导人才一定要讲政治，其实质就是要求各级领导者在领导活动中营造出风清气正、绿水青山的政治生态。无论是大的政治生态，还是小的政治氛围，领导者培育应有的那种公仆意识、政治立场、政治观念、政治原则、党性观念服务于党和人民的政治利益为第一需要，为此要敢于和乐于献出自己的一切。二是改造制度环境，指领导方式上以“法治”取代“人治”，使各项领导活动符合日渐成熟的法律、法规、制度、规矩等制度规范。三是优化社会环境，指主动接受社会监督，各种能公开的都要公开，使领导活动在社会系统中发挥良好的制约作用和制衡作用，同时要去除消极的社会环境影响。

总之，作为一个多维交叉、体系庞杂的系统，领导情境对整个领导活动产生重大影响，赋予诸多挑战。同时，更需要领导人才不断培养和提升营造情境的能力，不仅能够正确地认识情境、充分地利用情境，而且还要能够主动地改造情境、积极地优化情境。通过对领导情境的利用、引导和改善，为组织营造一种和谐稳定的工作氛围，进而求得与外部情境的动态平衡，取得良好的领导效能，实现领导目标。

四、通达领导方式

领导方式是领导者为实现组织目标对被领导者或下属所施用的模式化

领导行为。作为领导人才，应切实把握领导方式的相对稳定性、惯用性、程式化等基本特点，明晰领导方式对领导效能的深刻影响，即合适的领导方式产生较高的领导效能；反之，必然导致领导效能低下。因而，领导者应在领导活动的实践中，注重加强对各种领导方式利弊的研判，对领导方式的运用作出科学正确的选择，进而不断提升组织的领导效能，推进领导目标的实现。

（一）深刻认识领导方式的发展趋势

随着经济全球化进程的不断加快，人们的思想观念和价值理念发生了深刻的变化，人们普遍渴望在组织中受到应有的尊重与理解，普遍渴望在组织中享有越来越多的话语权、参与权乃至一定的领导权，普遍渴望在组织中能够实现自我价值。因而传统的以权力为中心的专制、命令、控制式的领导方式遇到了严峻的挑战，越来越难以适应新的领导环境的需要。正是在这样的背景下，领导方式伴随领导活动广泛实践与深入发展，出现了充分反映时代发展要求和领导环境新变化的三大根本性的转变，即由独裁专权领导向授权领导转变；由单向机械领导向双向互动领导转变；由英雄主义领导向平民化领导转变。这就要求领导人才学会正确运用下述几种领导方式。

1. 授权领导方式

授权是 20 世纪后半叶兴起的一种管理思潮和管理方式。授权领导主要是指领导者依据工作的需要，按照一定的组织原则，将自己的某些权力授予下属，并使下属在有效监督下自主处理所负责的事务。对领导者而言，授权能够减轻领导者自身工作负担，便于集中精力研究、解决组织中的重大问题，进而使领导者的能力得到极大延伸。对下属而言，领导授权能使其拥有完成工作的自主权、行动权和决策权，这等于是领导者为下属创造发展机会，从而增强其责任感、义务感和成就感，进而使下属的才干得以充分发挥。对组织而言，领导授权不仅有利于激发下属的工作热情，培养下属的工作能力，而且能够极大地密切上下级之间的关系，从而使领导者与下属之间易于加强协作，团结共事，实现优势互补，进而强化组织的整体力量，提高工作效率。

2. 变革型领导方式

随着经济全球化进程的加快以及知识经济的兴起，组织之间的竞争也日趋激烈，这就使一些组织的原有结构显得难以适应新的情境，不得不寻求新的领导方式，创造高度参与的组织和管理制度。正是在这样的背景下，变革型领导方式应运而生。变革型领导这一概念最早是由丹顿（Downton）提出来的，在20世纪80年代经过巴斯、伯恩斯和豪斯等人的阐发而成为一种重要的理论范式。

变革型领导方式是在交易型领导方式的基础上形成的，但又与交易型领导方式有很大的不同。实施变革型领导方式的领导者通常都极力勾勒出一幅组织愿景，并热情洋溢地加以宣传。他们积极帮助下属开阔眼界，使下属从只关注自己的工作或只关注自己部门的工作这种狭隘的认识中走出来，鼓励下属为了组织的利益而超越个人利益。同时，实施变革型领导方式的领导者还试图造就学习型的人才与组织，以备成功地应对未来的挑战。变革型领导方式具有以下两个方面的特点：

一是变革型领导是理智领导。变革并不是一个盲目、无序的过程，它需要理智的思考、理智的判断、理智的行动。知彼知己，百战不殆；知彼不知己，一胜一负；不知彼不知己，每战必殆。变革型领导要对社会大环境、大趋势作出理智分析，要对包括人员、结构、文化等在内的组织环境作出理智判断，还要对变革的阻力、前景作出理智预测。

二是领导者在变革中发挥关键性作用。唯物史观告诉我们，人民群众是历史的创造者，同时也肯定英雄领袖的重要作用。从宏观上来讲，伟大领导者虽然不能造时势，但是能识时势，顺时势，成为推动变革的关键性力量。从微观来讲，领导者能够营造利于变革的文化氛围与价值取向，能够利用自己的积极变革的心理来潜移默化地影响众人，能够用自己的言谈举止来以身作则，善于把变革的思想转化为实践。更为重要的是其能以自己“扶摇直上九万里”的坚定信念和独特魅力给人鼓舞，迎难而上，乘风破浪。

总之，变革型领导与交易型领导相比，所付出的努力要更多，但所获得的结果也会更好。如果说交易型领导能够获得预期的效果，那么变革型领导将获得超预期的效果。由于变革型领导通常能够引发人们超乎当前的能力和想象力，因此很受人们推崇。

3. 平民化领导方式

20 世纪 80 年代以后，平民化领导作为一种领导方式应运而生。平民化领导是针对传统的英雄主义领导而提出的一种新的领导方式。其基本特点就是领导者放下架子，回归大众之中，凸显和张扬被领导者的地位和作用，把他们当作组织发展的主导力量，通过发挥他们的整体性创造张力，以达到组织、社会发展进步的领导方式。平民化领导方式是对传统领导方式的一种扬弃。平民化领导的特点主要表现在三个方面：

在领导理念上，平民化领导强调充分发挥领导者与被领导者的合力效果，尤其是被领导者的聪明才智，从而高效率地实现领导目标。在市场经济环境下，领导工作越来越复杂，单凭领导者一己之力很难高效地完成领导工作。与此同时，被领导者的知识、技能等方面的水平让人刮目相看，他们的参与意识也在逐步增强，渴望获得成就满足感，渴望自我实现。可以说，发挥被领导者的积极作用已经成为提高领导效能的“牛鼻子”。

在领导关系上，平民化领导更强调领导者与被领导者之间和谐、平等、尊重以及互动、互换的关系，平民化领导希望通过凸显被领导者的地位和作用，充分发挥领导者和被领导者的双重积极性，更好地促进组织的变革。传统的领导关系中领导者居于金字塔尖端，可以居高临下俯视被领导者，尤其在传统的官本位思想的影响下，这种情况更是具有一定的普遍性。但平民化领导强调领导者与被领导者的平等地位，认为二者都是领导生态系统中具有关键性作用的要素，对于领导生态的良好运行均具有重要作用。

在领导权力方面，平民化领导强调权力结构的扁平化。无论是历史还是现实都表明，金字塔式的权力结构，各种权力集中于一个人手中会对被领导者造成严重的心理压抑，使其缺乏主动性、积极性、创造性。“以铜为镜，可以正衣冠；以史为镜，可以知兴替；以人为镜，可以明得失。”平民化领导必然要求权力结构的扁平化，领导者不能把所有权力紧紧地抓在自己手里，而是要坚持例外原则，把某些权力授权给被领导者，充分利用更多、更大的下属力量来实现领导目标，优化领导生态。

（二）领导方式的选择

领导方式集中体现了领导活动中以领导者与被领导者为主的各种要素的内在关联。作为领导人才，不仅要研究领导方式的变化趋势，还要研究领导方式的正确选择。在领导活动实践中，领导者采取何种领导方式，既可能是受某一方面因素影响作用的结果，也可能是受多方面因素共同影响作用的结果。但总的说来，下述三个方面的因素应很好地把握。

1. 领导者的特质和风格对领导方式选择的影响

首先，领导者特质影响领导方式的选择。领导者特质又称领导素质或领导者品格。领导者是领导活动的主导因素，其特性、素质、品质如何，不仅极大地影响着领导活动的成效，而且决定了领导者对领导方式的选择。如具有善于用权、精于授权的领导者特质意味着领导者在领导活动中必然选择授权或分权的领导方式；具有热情关心别人、尊重他人、善于调动他人积极性、能使别人积极乐观工作等特质的领导者，在领导活动中就易于采用重人型领导方式；具有干劲大、工作积极努力、工作效率高、成就需要强烈、把工作成就看作最大的乐趣、希望承担富有挑战性的工作、与上级关系较好、对下级较疏远等特质的领导者，在领导活动中常常表现为重事型的领导方式；具有组织能力强、决断力强、自信心强、能自主决策、有支配他人的倾向、勇于负责等素质的领导者就容易于选择集权、专断的领导方式；具有合作精神、能实行集体领导、对自己有正确估量、能以他人之长补自己之短等素质的领导者就易于采用民主型领导方式。当然，由于领导者的特质是多方位、多层次的，因而领导者的领导方式也必然是多元的。总之，领导特质理论表明，领导者对领导方式的选择与运用同领导者的特质密切相关，领导者的特质直接影响着领导者对领导方式的选择。

其次，领导者风格影响领导方式选择。领导者的个性特征和价值倾向等特征决定了其在领导活动中会具有个性化的领导风格，不同的领导风格影响并决定着领导者对领导方式的选择。关于这方面的研究有一个非常著名的“领导方格理论”。它是由美国学者斯多斯尔和沙特尔对1000多名不同层级的领导者进行长期的跟踪调查后，经过深入研究提出的领导者关心的两大维度，即关心人和关心任务。后来，美国学者布莱克和穆顿在二维构面理论的基础上构建了领导方格图，因此又称为“二元结构理论”。横轴表示关心任务的维度，纵轴表示关心人的维度，1 ~ 9表示程度的增加，最后形成了八十一种领导风格。这里仅列举五种具有典型意义的领导风格。

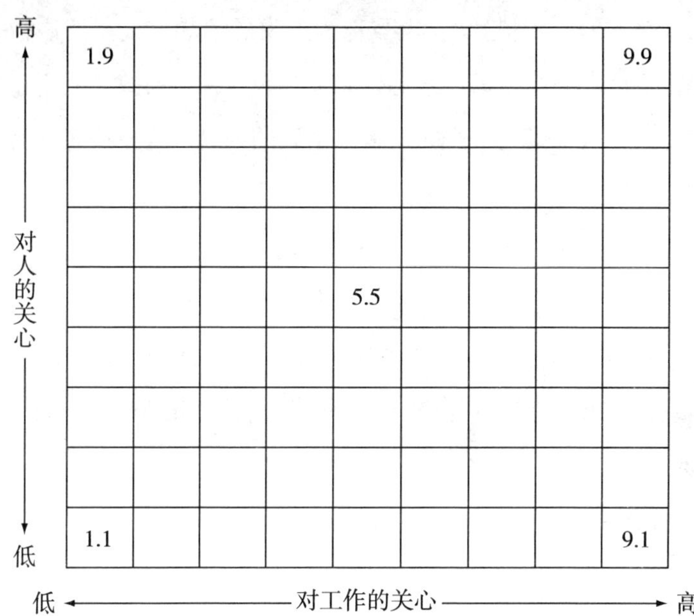

第一种是“1.1 型”趋向，也被称为贫乏的领导方式。这种领导方式表现出冷漠、消极的意味，它既不关心任务的完成情况，也不关心员工的满意度及诉求，更不会去想如何激励员工来高效地完成任务日标。这种领导方式更多的是由于领导者能力低下、素质不健全、心理不积极等负面因素综合作用的结果，现在的诸多领导者“为官不为”的一个重要表现就是采取这种领导方式，是非常不值得提倡的。

第二种是“1.9 型”趋向，也被称为一团和气领导方式。它表现出来的是对员工的高度关注与关心，但是对任务却显示出淡漠的态度。它非常关注员工的心理变化与利益诉求，渴望通过沟通交流等柔性的方式来增强员工满意度。这种方式看到了柔性领导的有利之处，但是却没有处理好权力影响力与非权力影响力的辩证关系。虽然短期内可以实现“桃李不言下自成蹊”的效果，但是长期使用的话会使被领导者丧失对领导者魅力等方面的确认，原有的效果也会逐渐衰退。

第三种是“5.5 型”趋向，也被称为中庸的领导方式。持这种领导风格的领导者所信奉的原则是，绝对要和大多数人保持一致，既不过分偏重人的因素，也不过分偏重工作的因素。中庸的领导方式显得领导者从众心理较强，首创精神和进取精神不足。

第四种是“9.1 型”趋向，也被称为偏重任务的领导方式。这种领导方式表现出来的是高任务、低关系的取向，只关心任务的完成情况，忽视对人的关注。“霍桑试验”表明影响工作效率、工作满意度的重要因素就是人际关系，如果单纯地以任务结果为导向，不仅很难达到预期效果，甚至会搬起石头砸自己的脚。

第五种是“9.9 型”趋向，也被称为理想化的领导方式。这种领导风格表现出高任务、高关系的取向，领导者将任务与员工的关系，一分为二，既全面又联系地整合在了一起，从而实现有效完成任务与提高员工满意度的契合。阿里巴巴是世界著名的互联网公司，它成功的一条重要经验就是，实现了严格要求任务完成与持续改进工作环境等要素来维持员工满意度的结合。

上述五种典型的领导风格的启示是：领导者应该注意把管人、管事有机地结合起来；一个领导者不可能始终如一只坚持一种风格，而应该根据不同的环境、对象采取不同的领导方式，使组织中的人力资源潜能得到最大发挥。

2. 被领导者的能力及成熟程度影响领导方式的选择

被领导者或下属是领导活动的基础和动力因素，其能力和成熟程度极大地影响着领导者与被领导者的关系，从而也极大地影响着领导方式的选择，具体来说主要体现在两个方面：

第一，被领导者的能力及其对目标的适应性影响领导方式选择。国外学者对此有较为深入的研究并提出了有启发意义的理论：路径—目标理论（Path-Goal Theory）。这一理论是在激励的期望理论基础上，由马丁·G. 埃文斯（Martin G. Evans）于 1970 年提出的，经过罗伯特·豪斯（Robert J. House）及其他人进一步发展开发出来的一种领导权变模型。

豪斯在他的路径—目标理论中研究了四种领导类型：一是指示型领导。这种领导方式主要在任务不明确，不清晰的情况下，领导者指明工作的基本任务与目标。二是支持型领导。该领导方式主要应用于任务明确但是非常简单重复或者异常复杂的情况下，领导者应该通过增加压力释放渠道、改善薪酬等方式进行支持性工作。三是参与型领导。领导者向下属咨询，征求他们的意见，并在做决定前慎重地考虑下属所提出的建议。四是成就型领导。该领导方式旨在激发下属的成就需要与动机，诱发成就追求的行为。主要适应于完成挑战性、创新性比较强的任务情况。

第二，被领导者的成熟程度影响领导方式的选择。对此，国外学者有系统性的研究，并提出一种理论叫作生命周期理论。生命周期理论是卡曼（A. K. Karman）于 1966 年创立的，后来赫西和布兰查德（Hersey & Blanchard）于 1976 年发展了这一理论。这个理论的背景取自二维模式中的“四分图”，同时吸取了阿吉里斯（Argyris）的成熟—不成熟的理论。生命周期理论强调，下属的成熟与不成熟是领导者选择领导方式时要考虑的重要问题。那么，什么样的下属算成熟，什么样的下属算不成熟呢？请看表格中的陈述。

成熟的表现	不成熟的表现
积极	消极
独立	依赖
多样的行为	有限的行为
对工作的兴趣浓厚	对工作的兴趣肤浅
目光长远	目光短浅
高的、显要的职位	低的、从属的职位
自我意识强	缺乏自知之明

生命周期理论认为，领导的风格要与下属的成熟度相适应，生命周期理论的研究者总结出一个曲线图：

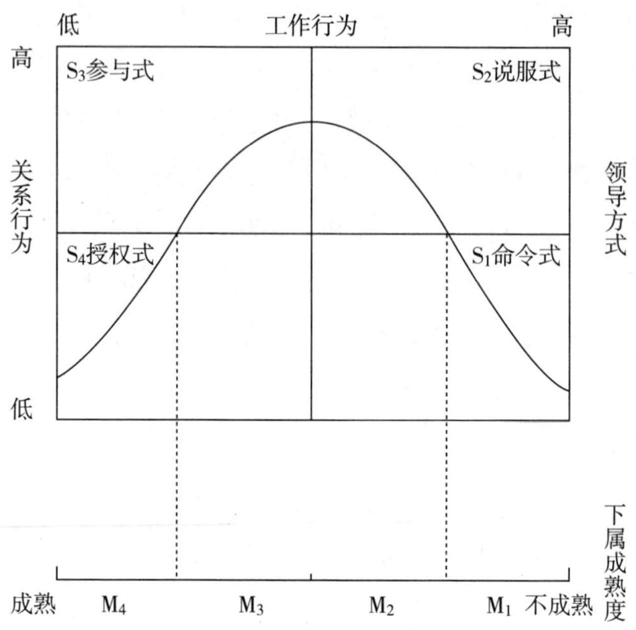

对上图可以作如下理解：第一，工作行为表示领导者用单程沟通的方式向下属人员说明应该干什么，在何时、何地、用何种方法完成任务。第二，关系行为表示领导者用双向沟通的方式，用心理培育和社会情感激发等措施指导下属，并且提高其福利。第三，成熟度指下属的成就动机方面的成熟，也包括下属乐于承担责任的意愿和能力，个人或小组具有的与工作有关的学识与经验，完全是心理性的指标。领导有效性怎样随着下属的成熟度不同而变化呢？以 M_1 的成熟度为例：在这个成熟度中的下属被描述成非常不成熟，而对他们的领导方式有效性曲线完全落在了“命令式”的范畴，这说明对这个成熟度中的下属，“命令式”领导是最有效的。依次类推，M_2 对应“说服式”，M_3 对应“参与式”，M_4 对应“授权式”。也就是说，领导方式必须在条件因素改变时及时调整，以求与条件因素的变化相适应。

3. 客观环境影响领导方式的选择

领导环境是领导活动的客观平台和时空条件，具有客观性、综合性、可变性等特点，对领导方式的选择具有非常重要的影响。和平建设时期的领导方式必然不同于战争时期的领导方式；从事经济工作的领导方式必然不同于从事政治工作的领导方式；基层工作的领导方式必然不同于高层工作的领导方式；21 世纪的领导方式必然不同于 20 世纪的领导方式。领导者只有深刻把握国际国内经济社会发展的大趋势以及时代进步的历史变迁，紧密地根据领导环境的变化选择适当的领导方式，才能取得领导活动的真正成功。

综上所述，领导者对领导方式的选择是由领导系统中的领导者、被领导者、领导环境以及它们之间相互影响、相互作用的关系决定的，领导者在针对具体领导活动而选择领导方式时，既不应从主观意愿出发，也不应从僵化概念出发，而是要根据自身的特质、下属的特点和领导环境的状况加以确定，这就是所谓的“通权达变”，审时度势，把握局势，权衡比较，因势利导。只有这样选择领导方式，才能切实提高领导效能，确保领导活动居于不败之地。

五、善用领导方法

领导人才应是善用领导方法的高手。这里所讲的领导方法，就是领导者为实现领导目标而采取的有效解决问题的手段或办法。领导方法是影响领导效能的重要条件。在领导实践中，常常出现这样的现象，即许多领导者的思想动机是好的，可是其实际领导绩效却往往与其初衷相反。尽管原因不同，但往往问题主要出在领导方法上。领导活动实践表明，领导方法运用得当则事半功倍，效果极佳；反之，则是事倍功半，甚至产生负效应。因此，领导方法是领导人才从事领导活动必须加以深入研究的重要内容，并应切实掌握和科学运用。

（一）调查研究方法

调查研究是指人们对客观事物进行考察考核，收集整理有关信息，并对其进行深入分析，以获得用于指导实践活动的某些符合规律性认识的过程。从中可以看出，调查研究由调查和研究这两个相互依存、不可分割的环节构成。调查是研究的前提，通过研究得出符合规律的认识用以指导实践是调查研究的目的。调查研究是一个以调查开始，以研究并最终能指导实践结束，且在这一过程中调查与研究相互交织、相辅相成的综合行为过程。

1. 调查的方法

一般来说，对事物的研究过程是从采集或收集信息开始的，而采集或收集信息又是从调查开始的，因此，调查是研究的前提和基础。然而，客观事物是广泛而无限的，调查的方法也自然是多种多样的，但下述四种调查的方法应重点把握。

其一，典型调查法。

普遍性寓于特殊性之中，通过对典型事物的抽样调查，然后概括出总体的普遍性特征是一种符合唯物辩证法的科学方法。典型调查就是从具有某种共性的总体事物中，选取若干有代表性的单位作为调查点或调查对象进行非全面性的调查。典型调查有助于领导者尽快掌握具有代表性的重要信息，以便从中发现事物的内在规律性，把握同类现象的一般规律和特点，进而有效指导和推动领导工作。典型调查的特点是范围小、单位少，能够对调查对象进行深入细致的剖析，同时又节省人力、物力和时间，以较低的代价获得较高的成效。典型调查是一种简便灵活、经济适用的调查方法，被调查典型选择的正确与否是典型调查成败的关键。使用这种调查方法时，所选择的调查点和调查对象一定要具有典型性和代表性，否则就不能发现调查对象的内在规律，也难以总结出同类现象的一般规律和特点。尽管典型调查法有一定的优点，但同时也有其难以克服的局限性：典型的选择容易受到调查者主观意志的左右，难以完全避免主观随意性；典型调查的对象只是个别或少数几个单位，它们与调查对象总体之间存在一定的差异，其代表性不完全；典型调查所得出的结论，是否具有普遍意义，其实用范围如何，很难用科学的手段准确测定；典型调查是一种定性调查，难以对调查对象进行总体定量研究。

其二，抽样调查法。

抽样调查是指按照随机的原则从调查对象的总体中抽取作为总体代表的部分单位作为调查点，并以部分单位的调查结果推算或认知总体的过程。其中的总体是指调查对象的全体。从总体中抽取出来的那一部分调查对象被称为样本。抽样调查的特点：一是采样随机。在选择样本上，总体中的每个单位都有同等中选的机会。二是时效较高。由于抽样调查只从总体中抽选部分单位调查，与全面调查相比，调查费用大大减少，时效性增强。三是调查结果较为准确。抽样调查有概率论和数理统计作为科学依据，因而以样本调查的结果来认识事物的总体，所得出的结论具有较高的科学性和准确性。抽样调查法主要适用于以下情形：第一，对一些现象在不可能或没必要进行全面调查，而又需要了解全面情况时。第二，在典型调查和全面调查的同时，可以配合使用，以检验典型调查的代表性和全面调查的准确性。第三，在需要及时迅速掌握情况时，由于普查费时、费力，需要采用抽样调查。抽样调查法的局限性主要表现在两个方面：一是适用范围有局限性。从严格意义上讲，只有当全体中各单位的差异不大时，抽样

的调研往往缺乏科学性，不能反映实际问题。

二是定量研究法。定量研究是对事物存在和发展的规模、范围、程度和速度等数量关系进行统计分析，以求发现事物发展变化的规律及其对整体的影响，进而为解决问题提出对策和依据。定量研究的特点是：研究结果比较准确、清晰，但工作量大，花费人力、物力和时间相对较多。

三是历史研究法。历史研究法是从研究对象的产生、发展和演变的角度进行思考，目的是探求事物发展的规律、预测事物发展的趋势。“以古为镜知兴替”，通过研究事物的历史发展脉络，探求事物发展的客观规律，既能够得出已经过历史验证的可靠的理论依据，又能够得到已经为历史证实的解决问题的有效方法。因此，历史研究法历来是领导者分析、认识问题的一种有效方法。但若有效运用历史研究法，需具有尊重历史、科学严谨的态度，以及较高的分析鉴别、理论研究水平。

四是比较研究法。比较研究法是通过分析两个或两个以上事物的异同、优劣、得失，进而探寻事物的本质和规律的方法。简要地说，这种方法就是“同中求异，异中求同”。既可以采取纵向的比较，也可以采取横向的比较。纵向的比较是从历史的角度来比较，即比较过去、现在和未来的情况。横向比较是比较同一阶段的有关情况。运用比较研究方法需要注意的是：比较双方必须有可比性；比较必须科学、全面和客观。通过比较，既要展现事物间外在的相同或者不同，又要深入挖掘本质上的相同或者差异。比较结果的展示应具有清晰性，最好以简洁的表格、数据等形式来展现，这样更便于理解、把握和记忆。

五是归纳演绎研究法。归纳法，是从个别经过分析比较，上升到一般的思维方法。演绎法，是以一般性为前提，推导出个别性结论的思维方法。归纳和演绎是人们认识事物的两种基本思维方法和研究方法。善于将归纳与演绎二者有机地结合起来，彼此渗透，互相推动，多次往复，有利于洞察出事物的本质，得出科学的结论。具体运作的基本研究思路是：从具体到一般，再从一般到具体。也就是说，在研究领导活动或研究有关领导现象时，不能凭借主观设计的模式而行，必须从具体问题入手，逐步得出具有普遍意义的结论，然后再运用具有普遍性的理论指导实践。

六是综合研究法。由于客观事物具有多变性和复杂性的特点，在认识客观事物时，不能只是使用单一的研究方法，而是要同时使用多种研究方法，以便切实发现问题的症结，把握事物的发展规律。

3. 调查研究的程序

调查研究是一项有条不紊的活动，不仅要条理清晰，而且要程序井然。一般来讲，调查研究的程序大致可分为四个阶段：一是准备阶段，包括选择课题、确定目标、设计调查方案、组建调查队伍。二是调查阶段，包括选择调查方法、实施方案、收集材料。三是研究阶段，包括审查、整理资料、统计分析。四是总结阶段，包括撰写调查报告、总结评估。上述程序是对调查研究科学规律的总结，程序化的调查研究会提高调查研究的科学性和实效性。

（二）群众路线方法

人民群众是历史的创造者，要相信人民群众的力量。群众路线方法是以毛泽东为代表的中国共产党人在领导中国新民主主义革命和社会主义建设的长期实践中，把辩证唯物主义和历史唯物主义运用于领导工作，逐渐形成的一整套科学的领导方法和工作方法，即从群众中来，到群众中去；一般号召和个别指导相结合；领导和群众相结合。其中“从群众中来，到群众中去”是群众路线领导方法的核心内容，它决定其他两种方法，并贯穿于群众路线领导方法的始终。从作用上看，它主要运用于如何制定政策，是领导者制定路线、方针、政策的根本指导原则和根本领导方法；“一般号召和个别指导相结合”，是“从群众中来，到群众中去”的领导方法的重要组成部分，主要运用在领导决策下达时，领导者如何指导群众行动；“领导和群众相结合”的领导方法，是由前两种方法派生出来的，是中介，因为任何一种方法都离不开领导和群众这两个要素，运用好这一方法就等于掌握了群众路线领导方法的钥匙。

1. 从群众中来到群众中去

人民群众是历史的创造者，其聪明才智力量的巨大难以估量，要相信人民群众的力量。同时实践是认识的目的与落脚点，领导者所形成的认识，所推行的政策从根本上来讲都应是为了改进人民群众生活，推动工作的发展。

从群众中来，就是集中群众的意见为领导意见的过程，即形成领导意见和制定政策的过程。要把群众的意见化为科学的领导意见，需要抓住三个主要环节：一是从领导机关或办公室中走出来，到实践中去，到群众中去。因为一切正确的意见都来源于群众。二是发扬民主，认真听取群众的意见。这是一个对待群众意见的态度问题。听取群众的意见，要全面地听，虚心地听，分析地听。三是分析归纳，化为领导意见。领导者的意见虽然来自群众，但绝不是简单地等同于群众的意见，也不是群众意见的简单相加，而是领导者经过分析、归纳、综合等研究的过程所形成的系统的意见，是群众意见的集中和升华。

到群众中去，就是要把那些通过吸收群众意见而形成的方针、政策、计划再拿到群众中去，化为群众的意愿和实践，并在群众中得到检验和发展。到群众中去的过程就是实施和检验决策的过程。这里要注意两点：首先，要耐心细致地在群众中宣传。领导决策虽然是从群众中来的，但由于它是集中化、系统化了的群众意见，因此它同群众中的一些具体认识有一定的差别，有时不能被群众自觉地承认和接受。这就需要领导者广泛深入地做好宣传解释工作，使群众认识到领导者所形成的政策与他们的利益需求是一致的。其次，要科学地组织群众。在充分地动员群众、调动群众积极性的基础上，科学合理地组织群众的力量，以提高领导工作效率。到群众中去的过程又是检验决策是否正确的过程。一项计划、措施形成之后，是否正确还不能完全断定，必须要回到群众的实践中去检验。领导者的责任，一方面是动员和组织群众执行正确的决策；另一方面是运用群众的实践来检验、修改和完善决策，以保证其科学有效。

2. 一般号召和个别指导相结合

矛盾是事物发展的根本动力，坚持矛盾的观点看问题就必须处理好矛盾普遍性与特殊性的关系：普遍性寓于特殊性中，特殊性通过普遍性体现出来。因此，既要从特殊性之中概括出普遍性，又要将普遍性的东西应用于广泛的实践指导中。

说到家庭联产承包责任制，我们会想到安徽凤阳小岗村的贡献。在全国仍然坚持“大锅饭”致使生产力水平极为低下、人们普遍贫穷的情况下，小岗村农民破天荒地实行“包产到户”来满足自己温饱这一最朴实的诉求。后来在成果非常突出的情况下得到党中央的极大关注，并把小岗村作为典型进行调研，从小岗村的个别经验中获得了普遍性的指导建议。随后经过严格论证与精细讨论，确定了在全国范围内推行“家庭联产承包责任制”的政策，极大地改善了生产关系中不利于促进生产力发展的部分，推动了生产力极大发展与人民生活水平的较大提高。

3. 领导与群众相结合

在领导工作中，既要充分发挥领导者在领导活动中的主导作用，又要让群众参与领导活动的全过程，发挥群众的基础或主体作用，并把领导者和群众的积极性有机结合起来。为此，需要把握以下两点。

第一，把握实现领导和群众相结合的条件，努力调动领导和群众的积极性。解决好这一问题，要从三个方面着手：一是要善于发挥领导者的作用。领导者的根本任务就是提出领导目标，为群众指明方向。这就要求各级领导机关要赋予领导者以相应的职责权力，从制度上保证他们能够独立负责地行使自己的领导权力，发挥领导者的主导作用。二是要善于调动广大群众的积极性。领导者在领导过程中，要时刻注意群众的需求和愿望，倾听群众的呼声、了解群众的心理、把握群众的情绪、关心群众的生活，给群众以看得见的物质利益。同时还要让群众参与领导活动的全过程，并使之得到应有的尊重和信任，特别是要注意发挥有真才实学、又有献身精神的实干家的作用，让群众对共同事业的具体目标有参与制定的权力，使每个人都感到对共同奋斗目标的实现有不可推卸的责任。三是要善于把领导和群众的积极性结合起来。结合的关键在于畅通干群沟通交流机制，从原则上来讲要一直坚持完善社情民意反映制度。但是在互联网时代，网络已经是“旧时王谢堂前燕，飞入寻常百姓家”，已经与人们的生活、工作方式密切相关，成为表达利益诉求、贡献聪明才智的重要途径。因此要把领导与群众的积极性结合起来的关键在于畅通现实与网络两个民意反映渠道。

第二，把握实现领导和群众相结合的基本方法。其实现路径主要有两个：一是说服教育。群众路线的群众观点是建立在历史唯物主义的科学理论基础上的，坚信人民群众是历史的创造者，坚信人民群众能够自己解放自己。因此，领导者对待群众要说服教育，要启发自觉，而不是强迫命令。二是抓两头，带中间。所谓抓两头，就是抓先进和落后这两头。虽然这两头在我们的工作中通常都处于少数，但他们的影响很大。先进典型是一种榜样、一面旗帜，能提供经验，激发斗志，鼓舞人们前进；落后典型，可以给人教训，让人引以为戒。通过抓两头，学习先进，帮助后进，就可以把中间带动起来，使大家都懂得哪些是对的、哪些是错的、应该怎样做，从而有效推动全局工作的开展。

总之，群众路线方法是中国共产党领导经验的结晶。作为领导者要紧密联系实际，完整而又科学地理解和运用这一方法，并在实践中认真研究和总结这一方法的新内容和新形式，使之常用常新。

（三）系统方法

系统方法是根据客观事物具有的系统特征，始终从事物整体出发，把握好整体与部分、部分与部分、整体与环境的相互联系和相互作用，通过对事物的整体分析、层次分析、要素分析，完整准确地考察对象，以达到整体、优化地处理问题的科学方法。领导活动如同世界上其他事物，是一个按照一定结构组成的具有特定功能的系统。它既是由领导者、追随者和领导环境等要素构成的空间系统，又是由制定决策、实施决策和检查总结等一系列领导环节所构成的动态行为系统。在事物趋向高度分化又高度综合发展的现代社会，领导活动更是一个日趋复杂的有机动态大系统。在这种情况下，如何从整体上对领导活动进行最优谋划、最优选择、最优控制，以达到最优的领导效益，是广大领导者所要解决的问题。系统方法是领导方法史上的一次革命，它在传统系统思想基础上，结合现代系统科学理论所创立的现代领导方法，为领导者有效解决问题提供了可靠的路径。将系统方法运用于具体的领导实践应注意把握好以下五点。

1. 立足整体提出领导目标

由于系统的性质和功能只有从整体上才能表现出来，而不是单个要素所具有的，这就决定了整体成为系统方法研究的对象和基本出发点。因此，在提出目标时必须立足于整体，从整体与部分的相互依赖、相互结合、相互制约的关系中把握系统的特征和运动规律，努力追求“整体大于部分之和”的整体功能。具体来说，就是把要研究、处理的问题视为一个系统、看作一个有机整体，所提出并确立的目标应是这个系统整体功能优化的目标；同时要论证这个整体目标是否整体优化、是否有实现的可能性。

2. 科学确定系统构成要素

系统整体依赖于要素，事物的要素是构成系统的基础。要素的种类、数量、基质不同，决定了系统的性质和功能的不同。由此我国著名科学家钱学森指出："不讲整体不行，只讲整体也不行。"因而必须从系统整体出发，科学地确定构成系统的要素，并考察各要素本身固有的属性，弄清要素的系统质，依据系统的整体目标，不断提高系统要素的特质，为强化系统的整体功能打下坚实基础。

3. 构建合理的系统结构

系统的功能取决于系统的特定结构。结构是系统内要素联系的内部形式。实践表明：只有系统的结构趋于合理，系统的功能才能得到优化。而系统的结构趋于合理的表现就是构成系统的各要素之间能够协调一致、相互配合。比如，一个合理的领导班子的系统结构，应该是由不同的工作经历、学识、修养和性格的人所构成的，彼此之间能够取长补短、优势互补，从而成为一个坚强有力的领导集体。因此，运用系统的方法，必须要善于分析各个要素之间的相互关系，以及各要素与系统整体的关系，构建合理的系统结构，进而达到优化系统整体功能的目的。

4. 把握系统的主导因素

系统中各要素不是"各自为政"、单摆浮搁的，它们之间始终处于相互依赖、相互作用中，处于一种普遍联系的状态，但是，各要素之间的联系不是均衡的联系，而是有主次之分的。有的要素起主导作用，甚至决定事物的性质；有的要素则是控制对象，只起辅助作用。因此，运用系统方法一定要着力把握系统中的关键环节，抓住重点和要害。这是运用系统方法必须注意的问题。因为在具有严密结构的系统中，关键性的要素出了问题，就会直接影响整个系统的功能。因此，没有重点，就没有全局。

5. 实现目标从细部开始

系统论认为，庞大的系统是由无数有机联系、彼此制约的细节构成的统一整体，忽视细节，同样会使系统整体出现严重的不良后果。因此，运用系统方法解决具体问题时，必须是从大处着眼、小处着手，从目标任务的最低层次、最细部分开始。正如中国古代思想家老子所说："天下难事，必做于易；天下大事，必做于细。"如果把整个目标任务比作一棵树，那么具体实践要从树梢开始，充分发挥构成系统要素的应有作用。同时，还要注意通过控制、调节、反馈等办法，把分系统的目标纳入系统的整体目标中，力求使构成整体的各个部分协调一致、相互配合。否则，将会出现低效或无效运行的状况，致使系统整体效能下降。

六、深谙领导艺术

科学给人以规则，艺术给人以灵气。没有科学方法的指导，领导活动就会变得混乱无序；没有领导艺术的陶冶，领导活动就会显得单调呆板，进而出现低效或无效的现象。所谓领导艺术是指领导者创造性、高效能地解决问题的能力与技巧。领导艺术的本质是对复杂矛盾关系的优化处理，其核心问题是恰到好处地把握和处理各种矛盾关系的"度"，使之呈现出恰到好处的均衡。领导艺术是解决疑难复杂问题的必备手段，是战胜不良风气的重要武器，也是领导者素质的集中体现。这里主要探讨三个方面的领导艺术。

（一）开会的艺术

领导者要有效地开展领导活动，召开会议是一种不可或缺的重要手段。因为会议可以起到沟通信息、集思广益、统一思想、确定路线、明确目标、推进工作等作用。但并不是说，只要召开会议就能收到这样的效果。实践证明：会议开得成功，便是一种促进工作的有力手段；会议开得不成功，则是一种“灾害”，既浪费时间，又浪费人力、物力、财力。因此，作为领导者必须要把握和利用好开会这一实施领导的重要手段，认真研究驾驭会议的艺术，提高开会的效率和效益。这就要求领导者在把握开会艺术方面着重注意两个方面的问题：一是掌握主持会议的艺术，这是开会艺术的精华所在。二是掌握提高开会的效率与效益的艺术，这是开会艺术的取向所在。

1. 主持会议的艺术

领导者主持会议应紧紧围绕特定任务而进行，并彰显其主持会议的艺术化水平。这里仅就如何主持好决策性会议、执行性会议、动员性会议和咨询性会议四种类型的会议来加以探讨。

其一，主持决策性会议的艺术。

决策性会议包括确定目标、研究方案、制定政策、规划措施等内容。由于决策性会议强调的是最终决议的形成，所以，它要求会议主持者在会议召开过程中要做好三件事：让与会者明确议题；引导与会成员积极发言；在充分听取各方意见的基础之上果断作出决议。因此，主持好决策性会议的关键是领导者如何艺术化地处理好会议过程中随时可能出现的冷场、离题、争执等问题。

一是有效应对冷场问题。要有效应对会议冷场，必须要先弄清出现冷场的原因，再采取相应的对策与措施。一般来说，决策性会议出现冷场的原因主要有两方面：一方面是与会者对议题不够清楚或理解不深，因而感到不好开口。另一方面是与会者思想态度有问题。比如，对议题漠不关心，或对会议主持人有成见，或顾虑发表意见可能伤害他人，或怕有失自己的利益等。对于第一种可能出现的情况，会议主持者要详细明晰地交代议题，然后耐心启发与会者的思路。对于第二种可能出现的情况，主持者要针对具体问题区别对待。如果是与会者对议题不感兴趣，可以提出相关的有趣话题或实际事例，促使他们踊跃发言；如果是与会者对自己有意见或有顾虑者，可用风趣幽默的语言活跃气氛，引其开口；对涉及每个人切身利益的议题，在会前要做好摸底和酝酿工作，指定一些人作引路发言等。

二是有效应对离题问题。对于决策性会议出现的与会者发言离题现象，领导者作为会议的主持人有责任让大家言归正传，使议论回到正题上来，但不能强力扭转。如果强力扭转，就会挫伤有关人员的积极性；如果任其自然，就可能开成无效会议。这就要求主持会议的领导者艺术化地应对离题问题。一般而言，离题现象大多是闲话式的离题，表现为会议讨论中谈论传闻、逸事以及与议题无关的闲话，而且海阔天空、津津乐道，越扯离题越远。出现这种现象通常是因为与会者认为议题与自己无关，不感兴趣；也有的认为议题不好发言，因而转移话题。针对这些情况，主持者应该委婉地引导，既能让大家自觉地言归正传，又不失会场的热烈气氛。可尝试采取如下措施：第一，接过发言者的某句话，顺势巧妙自然地把讨论引回正题；第二，联系议论的某一问题，提出新的看法，把讨论引回到正题；第三，用一句善良的话或风趣的话截住议论而回到正题。

三是有效应对争执问题。在决策性会议上，有时难免发生争执。从一定意义上说，争执是产生成熟意见的基础。但作为主持会议的领导者，要善于把争执控制在有益于实际问题的解决上，不致出现无原则的争论。为此，会议主持者要做好以下两点：一要正确引导争执。从心理上说，坚持己见是人之常情。当与会者为自己的见解争辩时，很难一下做到有错即改并承认对方正确。对此，主持者应有一定的敏感性，适时设置“台阶”，给他们一个既可以转变立场而又不失面子的机会；也可用幽默解除紧张气氛，使那些顾面子的人有台阶下。同时，要注意引导合作，强调求同存异，适时指出集体智慧大于个人智慧，一个好的方案产生离不开合作的道理。二要适时地终止争执。有时争执已经达成了某种协议，但主持者却没有发觉，反而又引起不必要的口舌，造成节外生枝。一个出色的会议主持者，应该是一个善于倾听的人、善于归纳提炼观点的人、善于劝说的人、善于把握火候表态的人。在发现争执各方的观点基本一致时，及时终止争论；在争执各方的观点大同小异时，及时终止争论，同时又不影响会议的活跃气氛。

其二，主持执行性会议的艺术。

执行性会议又被称作解决问题的会议，它包括布置工作、落实任务、划分职权、组织实施等内容。领导者要想成功主持召开这类会议，要在领导艺术上把握好以下几点。

一是要善于将会议开得紧凑、集中。主要是布置工作任务要抓住矛盾的主要方面，言简意赅，使与会者思想处于高度集中的状态，有一种临战的感觉，强化他们完成任务的紧迫感和使命感。同时，要严密控制会议的进行，努力排除一切干扰因素，只允许讨论与会议目的直接相关的事项。

二是要善于巧妙地限制与会者的讨论范围。执行性会议是为了解决某一问题而召开的，因此，对于那些实际上不能执行或者暂时不能执行的方案，不管多么有创见，均应毫不迟疑地放弃。作为主持执行性会议的领导者，一定要善于引导与会者只讨论可行的工作方案，不讨论那些实际不能执行或暂时不能执行的方案，以免造成思想混乱，影响执行既定任务的决心和信心。同时，领导者要善于将会议讨论的内容限定在如何执行或如何做的范围内，不再涉及“为什么”要这样做等问题。

三是要善于部署和落实执行任务的措施。这里主要包含两个方面的内容：一要明确任务，提出要求，责任到人；二要想到意外，备有对策，权责明晰。

其三，主持动员性会议的艺术。

动员性会议的任务主要是深化组织成员对既定决议或活动的认识，明确具体任务的分配与执行的要求，提升成员完成任务的士气与信心。因此，主持召开动员性会议的领导者或者作动员报告的领导者，要善于做到：

一是以深刻道理说服人。要紧紧围绕工作任务，力求深入浅出、通俗易懂地阐明开展某项工作的实际意义，进而从根本上解决人们的思想问题，使之真切地感受到参与进来是自己的应有的权利、应尽的义务。

二是以真诚话语打动人。领导者要想达到动员追随者行动起来的目的，要善于讲真话，而且要言之有理，持之有据。对存在的问题既不夸大，也不缩小，更不回避。实际情况是怎样，就是怎样，一是一，二是二。以此取信于人，使与会者更加理性地行动。

三是以生动的表述感染人。开动员性会议，动员者的动员讲话要力求精彩、遣词造句要鲜活生动、语言表达要充满激情，使与会者听起来鼓舞人心、豪情满怀，从而以饱满的热情信心百倍地参与领导者发起的活动。

其四，主持咨询性会议的艺术。

咨询性会议又被称作产生思想观念的会议，它是为征求意见和建议而召开的，其目的在于收集信息、听取意见，一般不做结论，也无须当场给出具体的答复。主持这类会议的艺术主要在于：

一是注重在与会者之间确立平等的关系。主持召开咨询性会议的领导者要善于在与会者之间（包括领导者在内）确立一种平等关系，在彼此之间营造一种互相尊重的氛围，促使大家畅所欲言，各抒己见，积极献计献策。

二是注重会议讨论内容的开放性。主持会议者不能简单地肯定或否定与会者提出的思想，否则，无异于封闭会议的大门。应尽可能地让与会者发挥自己的想象力，鼓励他们积极献言。如果与会者的发言非常有创造性，一时又不成熟，则应鼓励他们会后继续完善自己的想法，并提出书面建议。

三是主持者不可过早表露己见。如果主持者过早表露己见，容易使与会者误认为这是给咨询会定调子，以致与会者难以拓展自己的思维空间，进而无法收到集思广益的咨询效果。主持会议者要积极巧妙地综合大家的意见，用发言者的一个建议去加强另一个建议，从而使解决有关问题的方案逐步趋于成熟化或系统化。

四是注重与会者之间的团结协作。在会议开始时，作为主持人应该强调开好会议有赖于与会者的共同努力，强化与会者的合作意识，增强团结友好的气氛。

2. 提高开会的效率和效益的艺术

通常而言，高质量会议的基本特征是：在最短时间内，以最少的人数和最低的开支，研究解决最多的议题。因此，要想提高开会效率和效益，至少要综合考虑时间、人数、开支、议题四个因素。那么，作为谋划会议的领导者怎样才能把握好这四个要素呢？应做到“五个善于”。

一是善于把握会议时间和参加人数。在做好其他各项会前准备工作的前提下，如何科学确定会议持续的时间和参会的人数则是对领导者领导艺术水平的考验。首先要控制好开会的时间。根据心理学的研究，开会时间超过两个小时，与会者的注意力和理解力就会大大下降，甚至会出现不耐烦情绪，影响会议质量。限制与会人员的发言时间和次数，引导发言者讲短话、讲实话、讲有用的话，也是控制会议时间的好办法。因为只有言简意赅才能节约时间，在有限的时间内把最要紧的思想表达出来。此外，还要控制好出席会议的人数。除大型报告会外，一般性的会议参加人数最好控制在几个人或十几个人。如果与会人数太多，则容易出现不思考问题和滥竽充数的现象。在提高会议质量方面，日本著名经济管理专家士光敏夫提出的五个“提倡”具有很强的启发性，即提倡争论、提倡各抒己见、提倡全体发言、提倡会议不超过一小时、提倡站着开。

二是善于合理安排议题。有的会议之所以质量不高，其原因之一就是议题安排得不够合理。解决的办法应是，必须保证会议议题明确集中，不能出现节外生枝。如果在一个会议上突然增加许多与会者事先不知道的议题，就必然会使之感到莫名其妙，以致出现发言不得要领的现象。因此，应该尽量避免把互不相干的多项议题合并在一起召开所谓的“一揽子”会议的做法，尽量召开“专题会”以使与会者能够集中精力把一项议题议精、议深、议透。这样既能避免无关紧要的人员参加会议，又能有效节约人力和时间，从而收到较好的会议效果。

三是善于控制会议开支。实践表明，参加会议的人数越多，会议持续的时间越长，会议的开支就越高。许多策划会议的领导者不讲效率、不讲成本，浪费了大量的人力、物力和财力。因此，作为策划会议的领导者，必须要强化时间观念和效率意识。在策划会议时，要根据会议的需要，区分可参加和可不参加会议的人；根据会议议题的特点，开小会就可以解决问题的绝不开大会，开短会就可以解决问题的绝不开长会，几个议题可以合并召开的绝不分开单独立会。只有这样才能有效地控制会议开支，降低会议的成本费用，进而提高会议的效益。

四是善于营造良好的会风。会议是一种多功能集体行为，在这个集体里，每个与会人员的个体行为都是它的有机组成部分。因此，领导者要善于营造良好的会风，使每个与会人员都能自觉意识到自己在会议中的角色及重要性，以认真的态度和严谨的作风，密切配合，共同努力，把会议开好。营造良好的会风，就是要使与会人员纪律观念强，发言观点明，与人相处善。换句话说就是，遵守纪律，尊重同志，坚持真理。同时，还要尽量少开会、开小会、开短会，不开游山玩水的“神仙会”，不开那些规模大、时间长、次数多的“声势会”，不开没有必要参加的“情面会”等。

五是善于议而有决。决定或决议是会议的结晶，它集中体现了与会者的智慧和意志，用以规范和指导人们的行动。如果开了一次会，与会者发表了不少议论，但最终没有作出明确决定，出现了通常人们所讲的“议而不决”的情况，这样的会议就无法规范和指导人们的行动，就失掉了开会的意义。当然，议而有决并不是说每一个会议都必须有一个书面决议，而是要求会议对讨论的问题应有一个明确的结论或态度，以便人们去把握和执行。

（二）谈判的艺术

谈判是现代社会、特别是在市场竞争日趋激烈的情况下，领导者为了解决组织、地区以及人员之间的矛盾和冲突而采取的重要的沟通和协调手段，不仅是领导活动中不可或缺的，而且将会越来越频繁的活动。谈判的过程，是双方或多方斗智的过程，各方都力求掌握主动权，以取得优势。要做到这一点，不仅需要智慧和勇气，还需要谈判的艺术。

1. 谋划谈判的战略

谈判的战略是多元而复杂的，从把控谈判进程和预期谈判结果角度讲，最常用的战略有以下两个。

一是速战速决战略。速战速决战略的采用主要有两种情况：第一种情况是自己已占据有利地位，速战速决可以快速地将优势地位予以正式确立。对于谈判而言，对于时机的把握非常重要，一鼓作气，再而衰，三而竭，当自己占据优势时，切不可拖拖拉拉，宜将胜勇追穷寇，不可沽名学霸王。项羽在“鸿门宴”上已经将自己的优势展现得淋漓尽致，但是却优柔寡断，未能乘胜追击，而是与刘邦签署盟约，二分天下，最终在楚汉争霸中输给刘邦。如此英雄落得个败北的下场，可悲可叹！第二种情况是具有一定优势地位，但并不明显，如果谈判时间过长，自己的弱点则会被识破，从而丧失主动地位。因此，速战速决为上策。

二是拉锯式战略。谈判就是一场博弈，双方都想获得预期的利益，因此从实际操作来看很难一蹴而就，往往是一场拉锯战。在这方面有一个经典案例：A 公司派遣三名代表去 B 公司所在地就相关事宜进行谈判，A 公司掌握一定的主动权，但是如果不与 B 公司达成协议的话，项目无法完成。当天晚上 B 公司将代表接到酒店，热情款待，第二天陪同 A 公司代表参观、游玩，晚上又送回酒店，没有进行任何业务接触，到了第三天早上 A 公司代表焦急地等待进行谈判的通知，但是仍然没有任何消息，终于他们在下午的时候主动找 B 公司代表商量谈判事宜，结果本来拥有的主动权却丧失了，某些利益被 B 公司攫取。这是因为 B 公司早已知晓他们买的是第三天晚上的机票，并且他们此行的目的是为自己争取更多的利益，而不是可谈可不谈。正是因为 B 公司采取拉锯战略才获得了更多的利益。

2. 把握谈判的技巧

谈判中忌讳欺诈行为，但倡导技巧的运用。领导者掌握好谈判技巧，往往能取得意想不到的成功。下列三个技巧具有启发意义。

一是注意平等尊重。人与人之间的交往，前提就是平等尊重，不卑不亢，谈判也不例外。我国古语讲，富贵不能淫，贫贱不能移，威武不能屈。掌握优势时不能趾高气扬、颐指气使，处于劣势时也不能自惭形秽、唯唯诺诺。另外，谈判双方非常有可能变成日后的合作伙伴，谈判不仅仅是利益的交锋，也是对于领导人品、组织氛围、合作前景等多方面的接触、交流、考量，是一个选择合作伙伴的过程，因此双方的态度、气度都会对谈判结果产生重大影响。

二是学会抓住关键。主要矛盾的主要方面对事物具有决定性作用，要想事情成功，就要学会牵牛鼻子，抓住关键。《三国演义》中有一个经典片段——诸葛亮江东“舌战群儒”。故事的背景是曹操率大军进攻东吴，诸葛亮奉命入东吴谈判联盟抗曹大事，在这个过程中发生了“舌战群儒”这个故事。诸葛亮抓住刘备皇叔身份的号召力来阐明自己的关键优势，同时点明东吴对联盟的迫切需要，认为东吴至孙权以立三世，祖宗基业丢掉是大逆不道。实际上诸葛亮抓住了谈判的关键要素，联盟是互利共赢的必然选择，最终说服孙权，孙刘联盟，才有了之后火烧赤壁这样一场以少胜多的经典战役。

三是精于察言观色。谈判桌前瞬息万变，局势在一分一秒的时间里都有可能发生大的逆转，因此需要对谈判对手察言观色，作出适当推测，从而增加谈判筹码和胜算概率。近几年微表情心理学在我国悄然兴起，一时间成为人们热议的话题，实际上在西方某些国家，微表情的某些表现与推测是可以成为审判证据的。掌握一定的微表情知识对于谈判是否成功具有重大影响。如上嘴唇上抬、眼睛眯起来等动作意味着鄙视厌恶；人撒谎时会摸脖子；当听到某些信息或者见到人时的吞咽动作，表示紧张、在意等情绪；等等。把握对方的微表情可以较为准确地分析出对方的心理状态，从而采取适当的策略。

（三）说话的艺术

语言作为人际交流不可缺少的工具，在人类历史的长河中一直发挥着不可替代的作用。说话看起来是最容易的事，其实也是最难的事。说其最容易，是因为三岁的孩子就会；说其最难，是因为最擅长辞令的外交家也有说错话的时候。因而美国成功学大师戴尔·卡耐基说：当今社会，一个人的成功，仅有一小部分取决于专业知识，而大部分取决于口才的艺术。

还有人说，智者一句话把人说笑，愚者一句话把人说跳。讲的就是说话当中有学问，应认真对待，尤其对领导人才而言更应在说话的艺术上下功夫，力求做到以下几点。

1. 突出主题

不论是在工作还是在生活中，作为领导人才说话应注意突出重点，围绕主题去说。不能信马由缰、随心所欲。现实中存在的问题有两种：一种是没有重点；另一种是偏离主题。这两种现象常常使听话者难以把握谈话主旨。这是典型的不讲究说话艺术的表现，需要给予充分的注意。

2. 准确负责

说话要讲究准确、负责任，就是说用词要准确，不能似是而非，不能习惯用一些“大概”“好像”“差不多”等模棱两可的词，而且说话要负责任，不能四处传播不实的传言，特别是网络上的一些内容，大部分带有夸张成分，无意传播可能给自己惹出道德或者法律问题。

3. 检点自制

领导人才检点自己的言行十分必要。不能语言伤人，因为语言伤人有时比尖刀的伤害更可怕，造成的伤害长久难以愈合。所以管好自己的嘴巴极其重要，应力求做到不该说的话坚决不说，避免心直口快。古语讲“水深则流缓，语迟则人贵”。谈话中人的优点，关键在于能控制自己的情绪。能够控制自己情绪的人，一定是情商高的人。智商诚可贵，情商价更高。一个人能控制住自己的不良情绪，不仅是一种能力，更是一种智慧。

4. 简短精练

领导说话简短精辟，是领导者必须具备的基本素质，更是领导者工作水平和能力的具体体现。说话简短精练，在当今工作节奏快和信息交流频繁的时代，是非常受人欢迎的。简洁是智慧的灵魂，冗长是肤浅的大使。讲短话看似容易，实则很难。能够做到把复杂的问题简单化、专业的问题通俗化，靠的是素质和能力的支撑，没有严密的逻辑、精辟的思路真的难以把握。

5. 留有余地

生活当中我们发现，往杯子里倒水不能倒得太满，这是为防止晃动时水溢出来；气球充气不能太足，这是为防止发生轻微挤压时气球爆炸。说话也是如此，说话应留有余地，这是为了防止意外发生而使自己下不来台。自以为是的人容易把话说满，不留余地，总觉得自己的见解没有错，不容置疑。作为领导者，无论何时何地，说话都要提醒自己注意，别把话说得太满，这样进可攻退可守，即使不能保证自己处于战无不胜的地位，至少可以保证自己不会败得一塌糊涂。

6. 区分对象

分清对象是说话达到预期效果的关键，因此要注意针对受众的特点讲话，要让听话的人听得懂、乐意听，或者说听得懂、记得住、用得上。比如，《亮剑》中的主人公李云龙，作为独立团的团长，他的特点是有激情、有战斗力。同时他也能使他所领导的战士同样有激情、有战斗力。李云龙靠什么，靠的就是他说话的艺术，他能够看清听话的对象。他面对的大多是农民出身的干部战士，用农民能听得懂、愿意听、记得住的话与大家交流，善用大实话、大白话激发干部战士的精气神和战斗力。因此，作为领导者应善于区分对象，面对大众就要讲群众最关心、最直接、最现实的话题，讲深入浅出的明白话、大实话、管用的话，进而收到理想的领导效果。

7. 方式得当

说话要注意方式方法，力求用词得体、口气合理、方式恰当。比如，在工作当中，对身边人所做的不当之事，有时我们会一眼就看穿其本质，但是碍于面子和场合，不宜说破，否则极容易让别人下不来台、极有可能达不到应有的谈话效果，此时以委婉的方式表达思想意见，则是成功交流的有效办法。作为领导者，应尽量避免当众指责别人、伤人自尊。否则，可能会出现这种状况：本想要个面子，结果别人不给面子，最后搞得自己处于尴尬境地。因此有人说，委婉是说话的大智慧。

C H A P T E R 0 8

第八章

领导人才识别论

国以才立，政以才治，业以才兴。千秋大业，关键在人。“历览古今兴衰事，成败得失在用人。”人才识别问题历来是治国兴邦的重要议题。《国家中长期人才发展规划纲要（2010—2020年）》作为我国第一个综合性的人才队伍建设规划，特别提出“人才是社会文明进步、人民富裕幸福、国家繁荣昌盛的重要推动力量”。同样强调国家要发展、社会要进步、事业要腾飞，离不开人才的支撑。

就领导人才而言，它是领导主体中最重要的组成部分，也是领导群体中具有良好领导品德和领导才能的领导者。从理论上讲，领导者一定是领导人才，只有领导人才才能担任领导者；只要是领导人才，就应该进入领导岗位担任领导角色。但现实情况却是：一方面，领导者不都是领导人才，有的人虽然进入了领导岗位，但却不是领导人才；另一方面，领导人才也不是都能成为领导者。因此，科学识别领导人才、优化领导人才队伍、合理配置领导人才就显得十分重要。

中国共产党历来重视对领导人才的识别和使用。毛泽东曾经提出：“必须善于使用干部。领导者的责任，归结起来，主要的是出主意、用干部两件事。”善于发现人才、团结人才、使用人才，是领导者成熟的主要标志之一。领导干部要有识才的慧眼、用才的气魄、爱才的感情、聚才的方法，知人善任，广纳群贤。要坚持在创新实践中识别人才，在公开竞争中识别人才、发现人才。在新的历史条件下对领导人才进行多侧面的观察、多双眼睛审察、多渠道考察。

一、扩大领导人才识别主体范围

“千里马常有，而伯乐不常有。”唐代文学家韩愈的这句话，一方面道出了人才想要崭露头角并非是一件容易的事情，另一方面也说明了发现人才的伯乐作为人才识别主体的重要性。缺乏伯乐这类人才识别主体，往往英雄无用武之地，落得个怀才不遇的处境。因此，在当今社会，需要推进领导人才识别主体多元化、扩大领导人才识别主体的范围、拓宽广泛参与的渠道，进而构建一个包括组织识别、群众识别、第三方机构识别以及自我识别在内的领导人才识别主体立体框架体系。

（一）组织识别

组织识别是领导人才得以被发现使用的重要渠道，其具体实现途径又可分为三个层次。

一是上级识别。人才识别是上级领导或部门的一项重要职责，上级识别也是最常见的领导人才识别方式。而且在人们心目中上级领导是最具合理性、合法性和权威性的人才识别主体，无论对一般意义的人才还是对作为重中之重的领导人才，上级领导都是重要的识别主体。上级作为人才识别主体其优势在于：一方面，上级处于领导岗位，对组织的工作性质比较了解，而且具有丰富的领导工作经验，能够较为准确地判断领导人才所应具备的素质，进而按照一定的标准来识别领导人才；另一方面，上级具有合法的权威地位，掌握一定的资源供其调度，为其识别领导人才提供了必要的保障和支持。但上级作为识别主体也存在一定的不足：其一，选才范围窄小、视野不宽、辐射面不广，容易在身边熟悉的人当中识人，对视野外的人才不甚了解，不仅难以做到优中选优，而且可能会遗漏真正的人才；其二，个别领导干部缺乏容才之量，害怕识别出的领导人才超过自己，不好驾驭，影响自己的权威、升迁发展而不愿识才；其三，容易出现任人唯亲、“有腿就要”“有嘴就来”以及对一些“马屁精”或“牢骚者”作出误判等问题。

二是同级识别。同级之间相互作为识别主体，进行领导人才的识别，也是一种行之有效的好方法。同级主体之间相互识别的优点在于：能对彼此有相对真实的了解，可以作出客观真实的评价。同级主体因为级别相同，从事的工作有一定的共性，加上经常接触，对彼此的脾气秉性、工作能力比较了解甚至熟知。而且由于没有像对待上级那样有较多的顾虑，同级之间会更加真实地展示自己，识别结果可信度相对较高。但同级识别也有一定的缺点：同级主体之间在工作当中虽然是一种协作关系，但在涉及升迁问题上却是竞争关系，主观上可能存在嫉妒等心理，对同级的领导人才不愿进行识别，甚至对个别业绩突出、锐意进取的同级领导人才给予排挤或打击报复。“枪打出头鸟”“出头的椽子先烂”“木秀于林，风必摧之；堆出于岸，流必湍之；行高于人，众必非之”等说法，就是这种现象的生动描述。

三是下级识别。处于较低层次领导岗位的人才经由其下级人员或部门的识别，使其有可能担任更高一级领导职务，这是一种自下而上的识别过程。下级作为领导人才识别主体的优势在于能够比较客观真实地反映一个领导人才的影响力。下级作为领导人才识别主体的缺点在于：下级人员无论是在认识上还是能力上都有一定的局限性。下级对自己上级的了解和认识可能仅限于自己所从事的专业领域或者所在部门内部，视野不够开阔，缺乏对专业或部门工作之外的人才能力素质的了解，结果可能会把仅仅适合当前岗位的上级，识别为可以担任更高层次领导职位的人选。而下级人员往往又难以意识到这种情况。这也是著名的彼得定律的体现。另外，下级人员还有可能受情感和利益等因素的影响，不愿意推荐自己爱戴的领导人才离开本部门而高就，这也是下级识别存在的一个不足。

（二）群众识别

群众是领导人才识别的一个至关重要的主体，群众识别也有助于广开领导人才的选拔渠道。作为组织部门，应注意克服忽视群众观点，排斥群众智慧的错误认识。群众识别可分为两个方面。

一是服务对象识别。领导人才生活在群众之中，直接服务于群众，其思想、品质、能力高低，是否认真贯彻执行党的路线方针政策，是否能够代表最广大人民群众的根本利益，在工作中能否为民谋福祉，切实解决人民群众最关心、最直接、最现实的问题，群众心中最有数也最有发言权。但与此同时，被服务的群众作为领导人才识别主体也存在一定的局限性：一方面，群众的认识能力有限，群众在评议中往往也会有感情用事所带来的识别偏差，因而难以对领导人才作出全面科学的评价；另一方面，再好的人才也不可能获得群众百分之百的赞扬和拥护，特别是那些原则性强、开拓创新精神比较突出的领导人才往往容易得罪人，而一些碌碌无为、一味讨好的人反而有一定市场。

二是家属亲友识别。家属亲友作为比较特殊的一部分群众，也可以成为识别领导人才的主体。由于亲缘的关系，家属亲友可能是最了解当事人的，而且会了解到其他人所鲜为人知的一面。因为一个人在社交与家庭生活中可能展现出与在工作中不同的形象和面貌。家属亲友作为领导人才的识别主体，其缺点也是很明显的。由于与当事人的特殊关系，家属亲友主观上受情感因素的影响，可能会对一些真实情况或有所隐瞒，或对其进行美化，作出有失偏颇的判断。鉴于此，对家属亲友的识别结果一定要进行合理分析，并与其他识别主体的识别结果相互印证、相互配合，谨慎采用。在更加注重其他方面评价的基础上，将家属亲友的意见作为补充和参考。

（三）第三方机构识别

第三方机构或专家团体是一个很重要的专业识别主体。这是一种由具有专业评估知识、技术的内行机构或领域内具有高深造诣的专家，经过细致、全面、系统、科学的考核、权衡、鉴定、评价而进行的领导人才识别。

由第三方机构或专家识别领导人才，能够避免常规体制内识人选择面太窄，以及组织部门和领导受关系单位或一些人走后门说情干扰而靠人际关系选人的弊端，而更多的是从岗位本身的要求出发，提出识别标准，冲破封闭环境下的识人模式，拓宽识人的视野和渠道，使一些优秀人才能够脱颖而出。另外，第三方机构或专家团体具有相对的独立性，与相关部门没有利益瓜葛，其评判结果相对客观公正。这类主体会因其识别的专业性、独立性、科学性等优势，在领导人才的识别工作中发挥越来越重要的作用。但在实际工作中，第三方机构或专家团体的独立性往往难以保证，而且其独立性一旦丧失，不仅有沦为摆设的危险，还有可能变成各方追逐利益的工具。因而为了使第三方机构或专家团体识别领导人才的过程更具客观性、公正性和科学性，识别结果更具可行价值和现实价值，作为组织部门一定要切实赋予其识别评估的权力与责任，注重保证第三方机构或专家团体的话语权，不能让其沦为给领导者人事决策唱赞歌的工具；同时，还应避免其与有关部门可能存在的利益关系。这就需要建立完善的保障第三方机构独立性的制度，通过严格的制度监督和制约保证专家说真话的权利，使其真正介入领导过程以及组织人事活动之中。

（四）自我识别

自我识别是自古以来就有的一个重要识别方式，也就是毛遂自荐。可以肯定的是，对于一个人来讲最了解自己的应该就是自己。自己作为识别主体，优点不言而喻。同时，自荐也有助于优秀人才脱颖而出，不使人才埋没，长鸣于荒野。可缺点也是显而易见的。人往往更多地关注自身的优点而容易忽视自身的缺点，甚至为了升迁等个人利益因素，会隐瞒缺点、夸大优点。因此，对自我识别的毛遂自荐情况，应在自我识别后有其他主体参与识别，并且合理设置权重，努力构成一个完整科学的领导人才识别过程。

二、科学确定领导人才识别标准

进行领导人才的识别，要遵循一定的标准。只有坚持一定的识别标准，真正的领导人才才能被准确地鉴别和选拔出来，潜在的领导者才能脱颖而出。好的识别标准能有效推动组织当中的领导者主动提高自身素质和工作绩效。当下，对于党政领导干部而言，领导人才识别标准，应突出习近平关于领导干部成长的讲话精神，将其“把方向谋全局”的思想放在突出的位置，以“信念坚定、为民服务、勤政务实、敢于担当、清正廉洁”以及“平常时候看得出来、关键时刻站得出来、危急关头豁得出来”等具体指标来强化对领导人才的考核评价。

（一）影响力标准

是否具有较强的影响力是检验一个人是不是领导人才的基本标准。领导者必须有影响和改变追随者、聚合追随者的能力，并通过影响追随者来实现组织目标。领导影响力就是领导者在领导过程中，有效改变和影响他人心理和行为的一种能力或力量。领导影响力是整个领导活动得以顺利进行的前提条件，影响着组织群体的凝聚力与团结。

领导影响力分为权力性影响力和非权力性影响力两种。权力性影响力是由社会和组织赋予领导者一定的职务地位和权力而产生的法定的影响力，是一种具有强制性的影响力。权力性影响力下的被领导者往往缺乏主观能动性和积极性，因此，对于真正的领导者来说，具有非权力性影响力才是最重要的。而且，那些没有走上领导岗位的领导人才由于没有获得可以运用的权力以及由此带来的权力影响力，唯一所具有的只有非权力性影响力。

非权力性影响力是由领导人才自身素质所形成的一种自然性影响力，它既没有正式的规定、没有组织授予的形式，也没有合法权力赋予的命令与服从的约束力。它是以个人的品德因素、才能因素、知识因素、感情因素等为基础形成的个人影响力，是一种自然而然的影响力。它不同于权力的工具性，无所谓合法不合法，更没有强制性。这种影响力体现为一种能力，领导人才素质越高，影响力就越大。这种影响必然是被领导者自觉追随、自愿接受的过程。

对于领导人才的识别，应着重关注那些非权力性影响力较大的识别对象。一方面，权力性影响力的大小显而易见，通常是权力越大，职位越高，影响力越大；而非权力性影响力则不因职位与权力而起作用，有些追随者较多的人反而不处于领导岗位。因此，这样的识别对象是识别的重点。另一方面，相对于权力性影响力，非权力性影响力更加持久，影响范围更加广泛，更容易调动被领导者的工作积极性，增强组织凝聚力。对于有职有权的领导者而言，其非权力性影响力往往可以超出领导者自身的职权范围，在更大的范围内产生影响作用。比如焦裕禄、孔繁森等，其非权力性影响力远远超过了他们作为一个县委书记、地委书记所拥有的权力影响力。因此，将具有较大非权力性影响力的领导人才识别出来具有更加重大的意义。

（二）进步性标准

优秀的领导人才应是进步性与贡献性、德与才的统一。2003 年的中央人才工作会议提出要坚持德才兼备原则，把能力和业绩作为衡量人才的主要标准。进步性的标准主要源于内在的德，德决定了领导人才的行为及其活动结果是否具有进步性。正如堪称识人用人典范的曾国藩所说："德为本质，才是功能。"在我国，领导人才进步性标准主要应体现为"三个有利于"，即领导人才的贡献成果是否"有利于发展社会主义社会的生产力，有利于增强社会主义国家的综合国力，有利于提高人民的生活水平"。体现到领导人才内在的深层次问题则是领导人才是否具有较高的政治觉悟和较好的道德品质。领导人才如果具有了较高的政治思想道德素质，其进步性就有了保证和体现。

中国共产党选拔使用人才历来重视干部的政治思想和道德品质，强调"德才兼备"，以德为先，其中讲政治是个鲜明的特色。在这方面，中国共产党主要领导人的论述具有深刻启发意义。毛泽东特别强调领导干部要"坚定正确的政治方向""政治和业务是对立统一的。政治是主要的，是第一位的"。周恩来讲："挑选干部的标准，政治标准与工作能力，二者是缺一不可的，而政治上可以信任是先决问题。"邓小平则指出"到什么时候都得讲政治"，在谈到全面实现干部"革命化、年轻化、知识化、专业化"时，明确指出革命化是前提。习近平近年来也一直强调干部要做"政治上的明白人"，相继提出了好干部的"五条标准"——信念坚定、为民服务、勤政务实、敢于担当、清正廉洁；"四有"要求——心中有党、心中有民、心中有责、心中有戒；"四个铁一般"——铁一般信仰、铁一般信念、铁一般纪律、铁一般担当；“四个意识”——政治意识、大局意识、核心意识、看齐意识。这些都为科学制定和执行具体的识人标准提供了基本的方向和遵循。在此基础上，坚持与时俱进，突出进步性标准，在识别领导人才特别是党政领导人才时，切实把凡事从政治上考量、在大局下行动、围绕核心聚力、向党中央看齐的领导人才识别出来并推向领导岗位。

（三）创新性标准

如果说进步性标准主要关注的是“德才兼备”标准中的“德”，那么，创造性标准关注的则主要是“才”。创造性是人才的灵魂。人才是指具有一定的专业知识或专门技能，进行创造性劳动并对社会作出贡献的人，是人力资源中能力和素质较高的劳动者。习近平指出：“人是科技创新最关键的因素，创新的事业呼唤创新的人才；创新驱动实质上是人才驱动。”《国家中长期人才发展规划纲要（2010—2020年）》中对人才的一个重要要求就是要“勇于创新”。科技人才需要创新，领导人才何尝不需要创新？创新是领导活动的内在应有之义，没有创造性就无所谓领导活动。

作为领导人才，不仅要有积极探求的心理取向、追求创意的鲜明意识、极大的创新激情、强烈的创新欲望和坚持不懈的创新实践，更要取得社会认可的创新成果，这是衡量创新型人才的最终标准。正如伟大的无产阶级革命家列宁所说，“哪里有出色的成绩，哪里就有人才”。工作成果是专业知识、领导能力等多项指标的外化体现。

领导人才的创造性，其关键在于能深入领会上级指示精神，结合客观实际，因地制宜、因时制宜、因事制宜，创造性地开展工作，取得创新性的成果。那种不顾客观实际，不接地气，以会议落实会议、以文件落实文件，盲目地照抄照搬不是创新，而是不折不扣的教条主义。领导人才真正的创新必须是既要遵照执行上情，也要结合下情，实实在在地接地气，同时还要遵守“场情”，按照市场经济规律办事。只有将这“三情”有机地结合起来的创新才是真正的创新。

当然，创新也应关注领导人才在工作中的投入与产出，资源消耗与成效结果，实际成果与预计成果、社会发展指标和目标之间的关系。也就是说，领导人才不仅要关注目标、结果与收益，也要关注过程与投入，不仅要关注是否取得了优异的工作成果，也要关注其工作成果与社会发展的指标是否一致。就识别党政领导人才而言，当下应以习近平提出的“创新、协调、绿色、开放、共享”五大发展理念为指南，并将其细化为考察领导人才创新性的实施标准。

三、规范完善领导人才识别程序

识别程序是由一定方法、步骤与顺序所构成的行为规则，以保证识别主体依法依规进行领导人才识别。它是一个动态、完整的连续过程。识别主体只有遵循这一基本程序，才可能有效地进行人才识别，减少人才识别上的失误。

（一）规划领导岗位

不同部门不同类型的领导岗位对领导人才的能力和素质要求不同，不同层级的领导岗位也需要不同层次和类型的领导人才。因此，对领导岗位进行科学规划是十分必要的。而且随着社会的不断进步，群众和组织对领导者的要求也在不断变化，对领导岗位作出一定的分析和规划，按照岗位规划的结果与领导人才识别的原则和标准来设定岗位标准也显得越来越迫切。因为只有依照岗位标准的要求来识别领导人才，才能增强领导者与岗位的匹配度和人才识别的针对性、指向性和科学性，切实把领导人才资源配置到合适的岗位上，实现“能者在其位，贤者在其职”的理想追求，进而充分有效地发挥领导人才的积极作用。

（二）明确识别对象

领导人才识别，应该既包括没有在组织中担任领导职务的人，也包括在组织中有职有权的人。当前，在一些组织中存在领导干部并非领导人才，而真正领导人才又没有担任领导职务的现象。究其原因，一方面是因为考评不科学、监督不严格，使一些难以胜任领导工作的人甚至是“庸才”占据了领导岗位；另一方面是因为其虽是领导人才，但担任领导职位后，不再追求进步，故步自封、墨守成规，跟不上时代的步伐，素质与能力难以满足组织发展和人民需求变化的要求，不再胜任领导岗位。如果这些人长期占据领导岗位，而真正的领导人才又被拒之门外，就会严重阻碍组织的发展进步。因此，要明确领导人才识别对象，从体制内外两个维度加强对领导人才的识别和考核，打破各种条条框框的限制，进而对那些不能代表群众利益，不利于组织和事业发展要求的领导者调整出领导岗位，并切实把真正的领导人才安排到领导岗位上来。

（三）发布识别信息

向社会公开拟选任岗位、任职资格与条件、选拔方式和程序等内容，宣传并发动组织内外各级别、各类型的识别主体参与领导人才识别。应根据不同层级、不同类型的职位特点和具体要求，制定与之相适应的领导人才的识别办法，并从实际出发不断改进和完善，增强人才识别与民主推荐的真实性和科学性，特别是要增强识别和推荐的透明度，充分体现公开公平公正的原则，注重落实和扩大群众的知情权、参与权、选择权和监督权，在充分尊重民意的基础上，根据岗位需求、识别情况、工作实绩等多方面因素确定考察人选。

（四）严格识别机制

一个人的领导才能究竟怎样，往往一时难以看准，因而应在领导人才识别的体制机制上做文章，特别是要完善劣汰机制和监督制约机制，从而使领导人才的识别有所遵循，便于操作。

要保证组织朝着良好的方向发展，需要建立科学强效的劣汰机制，以切实保证能者上、庸者下，德者上、无德者下，有为者上、不作为者下，从而更好地进行领导系统的清理和维护，为领导人才资源的开发和利用真正打开通途，更好地营造优良的政治生态，树立正确的用人导向，盘活领导人才资源。一要实行领导人才竞争上岗制。只有实行竞争上岗制，才能真正打破论资排辈，真正做到能者上庸者下，激励更多的人去努力奋进，体现公正公平。二要实行领导人才任职试用期制度。对新提拔的领导人才制订一定的试用期，期满后经过评价考核，合格的或胜任所任岗位的，可以保留任职，正式聘任。否则，仍按原职级重新安排工作。三要加大对不称职、不胜任现职的领导人才的调整力度。按照《关于推进领导干部能上能下的若干规定（试行）》的制度规定：对“政治上不守规矩、廉洁上不干净、工作上不作为不担当或工作能力不够、作风不实的”领导者坚决进行调整。结合年度考核和班子换届，对不称职、不胜任现职的人员进行调整交流或待岗；对因身体欠佳、领导能力差等其他个人原因不能正常工作的，或待岗、或提前退休、或改任同级非领导职务；对那些毫无原则纠纷影响团结、在其位不谋其职、慵懒散浮拖软、工作有重大失误、用权不公不廉的，予以撤职或法办。

另外，要从根本上保证真正的领导人才能被识别并被安置在领导岗位，处于领导岗位的领导人才要能实现自身领导素质的不断提升，离不开完善的监督制约机制。这种监督制约，一方面，要体现在对领导人才的使用上；另一方面，要体现在对领导人才的监督上。具体运行要注意三点：一要明晰权力边界。明确领导部门和人才个人的职责权限，合理划分、科学配置部门机构和领导人才的权力，做到边界清晰，权责一致，各司其职、各负其责，依照法定权限和程序行使权力。二要强化“两个责任”。进一步强化主体责任和监督责任，推动形成“压力层层传导、责任环环相扣”的责任体系，加强对领导人才的监督。并以“严”的态度和“实”的措施，层层压实“两个责任”。三要综合运用监督方式。综合运用组织、民主、法律、舆论监督机制，重视互联网的监督作用。首先要强化组织监督，以定期听取领导人才的政治思想工作情况汇报，及时了解掌握领导人才的思想动态和工作表现。其次要强化监督协作，形成全方位、多途径、多主体的监督网络，特别是要对党政领导干部强化人大、纪检监察机构的监督职权，扭转有权而不敢为的局面，积极创造条件、拓宽渠道，为群众的民主监督提供平台和保障。最后要充分发挥新闻媒体作为软权力进行舆论监督的独立性、开放性和广泛性作用，不断完善网络监督机制建设，逐渐使网络成为民众监督的重要载体和平台。总之，要使各种监督充分发挥各自的效用，并相互协作，发挥整体的合力作用。

（五）明确识别路径

就党政领导人才而言，其脱颖而出要经历一个由推荐人选到考察人选，再到拟定人选的过程。在推荐人选确定后，经由单位党组织酝酿，在推荐人选中确定产生考察人选，并向上级党委和组织人事部门汇报，上级党委、组织人事部门组成考察组对推荐人选进行多方面考察。在考察过程中，要充分借助专家的智慧和力量，采用定性、定量等多种科学方法、运用领导学原理和一些实用测评技术进行考察与评价。在此基础上，广泛征集群众（包括普通群众和家属亲友）以及组织内部上下级和同事的意见，并且与本人进行考察谈话，最后综合分析考察情况，并同考察对象呈报单位或所在单位党组织主要领导成员交换意见，单位党组织根据考察意见再次酝酿拟定人选后向上级党委呈报，由上级党委召开党委常委会决定最终人选。

总之，领导人才的识别程序并非是一条平坦的直线，而应是一个闭合的环形，使之成为一个动态循环的实践过程。只有这样，才能保证领导人才始终处于领导岗位，处于领导岗位上的领导者始终是领导人才，充分发挥领导人才的效能效用，在组织中形成强大的领导力。

参考文献

（一）著作

1. 习近平 . 知之深爱之切［M］. 石家庄：河北人民出版社，2016.
2. 夏锦文 . 法治思维［M］. 南京：江苏人民出版社，2015.
3. 管向群 . 战略思维［M］. 南京：江苏人民出版社，2015.
4. 张一兵 . 辩证思维［M］. 南京：江苏人民出版社，2015.
5. 袁久红 . 创新思维［M］. 南京：江苏人民出版社，2015.
6. 陈宇主 . 毛泽东军事战略［M］. 北京：解放军出版社，2015.
7. 钟宪章，禹政敏 . 新常态新思维：领导干部科学思维能力提升十讲［M］. 北京：国家行政学院出版社，2015.
8. 郑日昌 . 领导心理调适案例［M］. 北京：人民出版社，2015.
9. 习近平 . 习近平谈治国理政［M］. 北京：外文出版社，2014.
10. 习近平 . 摆脱贫困［M］. 福州：福建人民出版社，2014.
11. 中共中央党史研究室 . 十八大以来重要文献选编［M］. 北京：中央文献出版社，2014.
12. 习近平 . 习近平总书记系列重要讲话读本［M］. 北京：学习出版社，人民出版社，2014.
13. 刘峰 . 新领导力［M］. 北京：国家行政学院出版社，2014.
14. 邱霈恩 . 领导学［M］. 北京：中国人民大学出版社，2014.
15. 习近平 . 习近平关于全面深化改革论述摘编［M］. 北京：中共中央文献编译室，中央文献出版社，2014.
16. 习近平 . 之江新语［M］. 杭州：浙江人民出版社，2013.

17. 习近平 . 干在实处　走在前列［M］. 北京：中共中央党校出版社，2013.
18. 刘炳香 . 领导力新观点［M］. 北京：中共中央党校出版社，2013.
19. 黄苇町 . 苏共亡党十年祭［M］. 南昌：江西高校出版社，2013.
20. 习近平 . 习近平总书记系列重要讲话选编［M］. 北京：中共黑龙江省委直属机关工作委员会，2013.
21. 刘志伟 . 魅力领导［M］. 北京：国家行政学院出版社，2012.
22. 刘峰 . 简约领导［M］. 北京：国家行政学院出版社，2012.
23. 胡月星 . 胜任领导［M］. 北京：国家行政学院出版社，2012.
24. 刘兰芬 . 领导学研究［M］. 哈尔滨：黑龙江人民出版社，2012.
25. 赵世明 . 领导心理学［M］. 北京：开明出版社，2012.
26. 孙科炎 . 领导心理学［M］. 北京：中国电力出版社，2012.
27. 胡月星 . 领导情绪管理［M］. 北京：国家行政学院出版社，2011.
28. 段培君 . 战略思维理论与方法［M］. 北京：中央党校出版社，2011.
29. 王乐平 . 识才与用才战略研究［M］. 武汉：华中师范大学出版社，2010.
30. 本书编写组 . 中国共产党党员领导干部廉洁从政若干准则学习问答［M］. 北京：华文出版社，2010.
31. 王续琨 . 公共领导学教程［M］. 大连：大连理工大学出版社，2009.
32. 胡月星 . 领导人才测评［M］. 北京：中国发展出版社，2009.
33. 李宇升 . 曾国藩领导策略 8 堂课［M］. 北京：中国长安出版社，2009.
34. 冯秋婷 . 西方领导理论研究［M］. 北京：人民出版社，2008.
35. 刘峰 . 新领导观［M］. 北京：北京大学出版社，2005.
36. 高伟 . 心理调适能力［M］. 北京：人民出版社，2005.
37. 胡月星等 . 现代领导心理学［M］. 山西：山西经济出版社，2005.
38. 程刚 . 高效能领导者的 7 项管理实务［M］. 北京：中国商业出版社，2004.
39. 刘峰 . 领导大趋势［M］. 北京：中国言实出版社，2003.
40.［美］保罗・赫塞 . 情境领导者［M］. 麦肯特企业顾问有限公司，译 . 北京：中国财政经济出版社，2003.
41.［美］彼得・诺斯豪斯 . 领导学：理论与实践（第 2 版）［M］. 吴荣先等，译 . 江苏：江苏教育出版社，2002.

42. 吴岩 . 领导心理学［M］. 北京：中央编译出版社，2002.
43. 孟庆春 . 跟毛泽东学领导艺术［M］. 北京：中央文献出版社，2002.
44. 胡冰 . 三国人才学与现代领导艺术［M］. 辽宁：沈阳出版社，2002.
45. 石林 . 健康心理学［M］. 北京：北京师范大学出版社，2001.
46. 俞文钊 . 领导心理学导论［M］. 上海：上海教育出版社，1999.
47. 杨玉光，周振林 . 领导者行使权力方法与艺术［M］. 北京：中国经济出版社，1996.
48. 周振林，刘东民 . 领导者公共关系方法与艺术［M］. 北京：中国经济出版社，1995.

（二）报刊论文

1. 韩庆祥 . 习近平治国理政的经验和智慧，光明网，http://theory.gmw.cn/2016-02/18/content_18928065_6.htm.
2. 焦锐 . 论林德布洛姆渐进决策理论对我国行政决策的影响［J］. 智富时代，2016（2）.
3. 袁仁国 . 以创新思维迎接新常态 .［N］. 人民日报，2015-9-11.
4. 杨永加 . 向习近平总书记学科学思维方法［J］. 紫光阁，2015（6）.
5. 仲祖文 . 要重视和关心干部的心理健康［J］. 红旗论坛，2015（16）.
6. 张舒，祝福恩 . 领导干部须坚持和强化底线思维［J］. 学习论坛，2015（8）.
7. 杨永加 . 习近平强调的思维方法［N］. 学习时报，2014-9-1.
8. 韩庆祥 . 全面深入把握习近平治国理政思想的十个重要方面［J］. 中国特色社会主义研究，2014（6）.
9. 程建国 . 领导干部应注重提高战略思维能力［N］. 人民日报，2012-3-26.
10. 人民日报评论部 . 以创新思维增活力［N］. 人民日报，2014-3-20.
11. 人民日报评论部 . 以系统思维聚合力［N］. 人民日报，2014-3-17.
12. 人民日报评论部 . 以法治思维图善治［N］. 人民日报，2014-3-11.
13. 人民日报评论部 . 以辩证思维解忧难［N］. 人民日报，2014-3-7.
14. 人民日报评论部 . 以战略思维谋全局［N］. 人民日报，2014-3-5.
15. 贾波 . 创新和完善干部交流激励机制探索［J］. 领导科学，2014（1）.
16. 张小锋 . 刘邦成功“逆袭”的用人智慧［J］. 人民论坛，2013（10）.
17. 陈旭 . 诸葛亮失败启示录［J］. 领导科学，2012（10）.

18. 邱敦红 . 领导干部要重视提高战略思维能力［N］. 光明日报，2012-2-22.
19. 方庆来 . 人才理应“用当其时”［N］. 温州日报，2011-1-14.
20. 汪康乐，邰崇禧，陈瑞琴 . 论体育科学决策的系统思维［J］. 山西师大体育学院学报，2011（4）.
21. 李际均 . 战略思维：在战争中学到的智慧［N］. 新华日报，2010-11-3.
22. 屈亚 . 新加坡公共部门领导人才培训的启示［J］. 领导科学，2009（1）.
23. 冯俊 . 大力推进领导人才教育培训的改革创新［J］. 中国浦东干部学院学报，2009（3）.
24. 段培君 . 把握战略思维的当代发展［N］. 学习时报，2008-8-11.
25. 徐春夏，王金定 . 国内外领导人才培训模式的比较及启示［J］. 领导科学，2008（4）.
26. 史策 . 领导特质：领导人才的趋同要素［J］. 福建行政学院福建经济管理干部学院学报，2007（4）.
27. 许达哲 . 战略思维的基本方法［N］. 学习时报，2006-12-4.
28. 谭英俊 . 论新时期领导者的战略思维［J］. 福州党校学报，2004（3）.
29. 陈瑛，曹林奎，张农 . 通才教育——现代教育必然趋势［J］. 教育探索，2003（12）.
30. 赵复查，郭丽芳 . 转型时期校长决策思维的特点［J］. 韩山师范学院学报，2003（6）.
31. 刘笑燕 . 领导人才资源开发的问题与思路［J］. 党建与人才，2003（5）.
32. 孙立樵，富立波，王琳 . 优秀领导干部成长激励机制构想［J］. 理论探讨，2000（3）.
33. 梁建 . 人事测评技术及其理论发展［J］. 外国经济与管理，2000（7）.
34. 冯百侠 . 领导干部的心理障碍与心境调试［J］. 健康心理学杂志，1998（6）.
35. 胡月星 . 领导干部心理健康刍议［J］. 领导科学，1998（6）.
36. 张树兴 . 领导心理健康与领导的有效性［J］. 昆明理工大学学报，1997（10）.
37. 林志宽，王洪臣 . 论年轻干部实践锻炼的基本形式［J］. 行政论坛，1995（6）.
38. 王松，孙力 . 经济利益多元化与决策的民主化科学化［J］. 政治学研究，1996（1）.
39. 李珍刚 . 论渐进决策在我国社会改革中的作用［J］. 华中师范大学学报（哲社版），1992（1）.

后记

树高千尺不忘根，水流万里总思源。

本书得以付梓问世，承蒙多方关照，心中充满无限感激。一种“人家帮我，永志不忘”的感恩情怀在胸中跌宕起伏，久久难以平息，大有不吐不快之感，尽管说出来又是那么的苍白无力！

首先要感谢国家行政学院政治学教研部领导科学教研室主任、中国领导科学研究中心副主任胡月星教授。古人云：学贵得师，亦贵得友。胡教授无论对于我个人来说，还是对于中共黑龙江省委党校领导科学研究团队而言，既是良师，也是益友，同时更是本书撰写和出版的引路人。在这里要真诚地向胡老师道一声：谢谢！

其次要感谢感谢中共黑龙江省委党校（黑龙江省行政学院）领导科学教研部的各位同人：李素艳、赵福生、王哲、孙昭、孙宏、闫莹雪，以及2015级行政管理专业硕士研究生侯术山、贾鑫两位同学。他们均为本书的顺利出版付出了努力、流下了汗水、作出了贡献。

再次要感谢承担“中国领导力提升系列丛书”出版工作的全体老师，是他们具有创意的辛勤劳动进一步推进了领导科学在中国的研究发展与普及，也成就了诸多学人向世人展示学术成果的梦想。

最后要感谢在本书撰写过程中被参阅过的大量相关文献的作者，是他们焚膏继晷、兀兀穷年而形成的厚重研究成果为本书写作提供了可靠的支撑，恕未一一注明，在此谨表谢意。

由于时间仓促，加之水平有限，书中难免有不妥之处，敬请学界前辈、同人及读者批评指正。

李军

2016 年 10 月 10 日于冰城哈尔滨